JN056484

監修者——木村靖二／岸本美緒／小松久男／佐藤次高

［カバー表写真］
ナジャフ（イラク）のアリー廟

［カバー裏写真］
マザーリ・シャリーフ（アフガニスタン）のアリー廟

［扉写真］
アリーへの賛辞をライオンのかたちに仕上げた書道作品

世界史リブレット人19

アリー

伝説になった神の獅子

Morimoto Kazuo
森本一夫

目次

アリーをどう語るか——本書のアプローチについて

イスラーム教の創始者ムハンマド▲の父方のいとこにして娘婿。ムハンマド死後のムスリム（イスラーム教徒）共同体で重きを占め、ムハンマドの衣鉢《いはつ》を継ぐ指導者であるカリフ▲の位に四番目に就いた人物。イスラーム教の多数派であるスンナ派からも、少数派であるシーア派からも、それぞれ「第四代正統カリフ」「初代イマーム」として今日にいたるまで敬慕の対象とされる人。神秘主義者の多くがその弟子筋《すじ》を称すのみでなく、勇猛さ、寛大さ、公正さ、利他の心、清廉潔白といったさまざまな美徳の権化として広く敬愛されるヒーロー。これが七世紀の西アジアに生きた本書の主題、アリーである。

大半のムスリムにとって特別な人であるアリーは、今日にいたるまで、さま

▼ムハンマド（伝五七〇〜六三二）　アラビア半島中西部メッカの人。唯一神の使信《ししん》を伝える預言者としてイスラーム教を創始。メディナに教団国家を建設した。

▼カリフ　代理ないし後継者を意味するアラビア語の「ハリーファ」が訛《なま》ったもの。「神の預言者の後継者」という意味あいで用いられたケースもあれば「神の代理」というニュアンスで使われたケースもある。

ざまな立場のムスリムによってさまざまに語られてきた。本書では、そのような、アリーに関する後世のムスリムによる多様な語りを関心の中心にすえ、その内容をみるとともにその意味を考えることにしたい。アリーについての語りは、彼が生きた草創期のムスリム共同体についての語りの一部をなす。イスラーム教の主要な諸宗派は草創期の共同体に生じたさまざまな争いにその淵源をもつので、草創期共同体の歴史に関するムスリムの語りを知ることは彼らのアイデンティティの理解にも資する。人々が頭のなかにいだいていた思想やイメージといったものを解明すること、そうしたものと現実世界での大小長短の歴史的展開との相互関係を考えることは、歴史研究の一つの重要な主題である。アリーという素材を通じてそうした主題の魅力を伝えることも、本書のねらいの一つである。

「世界史リブレット　人」の多くの巻は史実としての人物像を描く。では、この巻はどうしてシリーズ全体の傾向からはずれたアプローチをとるのか。それは一つには、世俗的な人文学の一環として歴史研究に従事する私には、史実と請け負えるようなアリー像を細かく呈示することは到底できないからである。

歴史研究者にとって、アリーが生きた草創期のムスリム共同体は、内部的な同時代史料を欠くブラックボックスのような世界である。共同体のなかでの細かなできごとについて語ろうとするときに用いうるのは、何世代ものちに編纂された後世のムスリム叙述史料のみである。アリーにあたると判断できる人物への言及は、ムスリム叙述史料とは成立の環境や文脈をまったく異にする、非ムスリムによる同時代的な史料▲のなかにもみられる。したがってアリーの存在自体を疑うのはおそらく過度な懐疑主義ということになろう。しかし、アリーの事績を史実として細かく語れといわれても言葉に詰まらざるをえない。

もちろんこのことは、後世のムスリム叙述史料から得られる情報が躊躇なく使えるものであれば問題にならない。例えば、そうした史料のなかにはアリーの演説（説教）の内容とされるものが収録されており、彼の演説や彼が述べたとされる警句を集めた有名な本さえあるが（第二章でふれる『雄弁の道』）、それが使えるならば、アリー自身の声にもとづいた彼の内面の描写でさえ可能になるであろう。現に、そのような姿勢で書かれた評伝は、主として信仰者としての立場をとる各国の著者たちによって数多く書かれている。しかし、私には同じ

▼アリーについての非ムスリム史料　例えば、あるアルメニア語年代記にみられるムスリム共同体の内乱ついての記述（六六〇年代成立）に登場する、王を殺した反徒にかつがれ即位したもののムアーウィヤ（後出）に敗れ殺されたという王は、明らかにムスリム史料中のアリーと一致する。

姿勢をとることはできない。私は、現存のムスリム叙述史料が草創期のムスリム共同体について語る内容の大枠については、まずは受け入れたうえで批判的に検討するのでよいと考えるが（しかしあくまで批判的に、である）、細部については疑いの目でながめるところから始めるのが適当だと考えているからである。別の言い方をすれば、私は、ムスリム叙述史料における語りを、さまざまな宗教的・政治的立場に立つ後世のムスリムが、共通の大枠（それは相対的に事実に近いと期待される）を前提としつつ、細部についてはそれぞれの立場からさまざまに紡いできた（創ってきた）ものと理解している。そうだとすると、アリーという個人の事績の細部についてムスリム叙述史料が語る内容は、まずは懐疑の対象となってしまう。

アリーの人物像それ自体もこの困難に拍車をかける。アリーは、後世のムスリムが草創期のムスリム共同体でのさまざまなできごとを想起し評価するとき、とくに重要視される人物の一人である。とくに彼は、ムスリム共同体に初めて起こった本格的な内乱、その顚末をどう評価するかという信仰上の問題を後世のムスリムに突きつけることになる動乱の時期を通し、自陣営を率いて戦い続けた人であった。後世のムスリムによるアリーに関する語りは、その分だけ多様、かつ饒舌なものとなっている。同時代に発すると安心して判断できる情報がないところに多様な語りが大量に被せられる存在、それがアリーなのである。

もちろん、本書が歴史的アリーではなく語りのなかのアリーを主題にする理由は以上のような消極的なものだけではない。すでに述べたように、語りを知ることは語り手に関するわれわれの理解を深めてくれる。アリーについての語りという独自の切り口をうまく活かすことができれば、本書には、イスラーム教という信仰伝統、とくにそれが内包する宗派的・歴史的多様性やその歴史観についての、個性的な入門書としての可能性が開かれるであろう。本書のアプローチの背景には、そのことに挑戦してみたいという私の冒険心もある。はたしてこの挑戦がうまくいくかどうか、ぜひ見届けていただきたい。

以下、本書の語りは三つの章を通じて展開する。第一章では、アリーに関する後世の記録の多様なあり方を踏まえつつも、そうした記録が前提として共有する流れやできごとを骨格とする、歴史的アリーの近似値とでも呼べるものを提示する。どうしてもこれをやらなければ話が始まらない。ついで第二章が扱うのは、スンナ派による「第四代正統カリフ」としての位置づけやシーア派による「初代イマーム」という位置づけなど、後世のさまざまな立場のムスリムによるアリーに対する多様な位置づけである。アリーに関しては、両宗派の主要な相違点にも数えられるこれら二つの位置づけとは違った次元でもさまざまな位置づけがなされてきた。そうしたもののうちの主要なものをみていきたい。最後に第三章では、後世の人々がアリーの人物像をどのように理想化したかという問題に光をあてる。ここでは、奔放に飛翔する、集合的な記憶というかたちをとった集合的な想像を扱うことになる。

　この三つのトピックを一通り提示することができれば、アリーとは誰で、世界のムスリムにとって彼はどのような意味をもってきたかということについて、読者の皆さんに具体的なイメージをもっていただけるのではないかと考えている。また、さまざまな語りによってアリーを記憶し表現してきた人々と彼らが生きてきた歴史についても、知見を深めてもらえるものと期待している。

　最後に一つ断り書きをさせていただきたい。よく知られているように、イスラーム教は、全体としても、宗派などのレベルにおいても、明確な教会組織を

▼**公会議**　時代によって大きく姿を変えてきたが、教義や規律にかかわる問題に関し、当該教会組織の全体から代表を集めて審議し公式決定をくだすための会議であることは一貫している。

欠く。キリスト教の公会議▲に類するような制度もないので、アリーに関する語りが、語り手たち自身によって、この派の公式見解、あの派の一致した立場といったかたちで明確に決められているわけではない。第二章、第三章では、しばしば「スンナ派」「シーア派」「スーフィーたち」といった集団による位置づけや語りについて述べることになるが、それらはすべて私自身による整理であり、代表的な立場を示すものと考えていただきたい。主題によって程度に違いはあるが、現実は限りなくファジーなものである。

①—アリーの生涯

メディナへの移住まで

　では、アリーがいつ、どこで、どのように生きた人であるかについて、時系列にしたがって述べることから始めよう。煩雑さを避けるため断言調を多用するが、本来ならば、かなりの文末は「〜とされる」、あるいは「〜であったという声が大きい」などとするのが正しいことは、すでにおわかりのとおりである。また、ここでふれるできごとのなかには、第二章、第三章でふれたいために盛り込んだものも含まれる。その意義について隔靴掻痒《かっかそうよう》の感が残ることもあると思うが、しばらく我慢していただきたい。

　アリーは西暦六〇〇年頃に現在のサウジアラビア中西部、ヒジャーズ地方のメッカ▲に、アラビア語を話すアラブ人、そしてクライシュ族▲の一員として生まれた。クライシュ族はメッカの支配的な出自集団であり、キャラバン交易と町中に鎮座するカアバ神殿▲が生む巡礼ビジネスをおもな経済基盤としていた。アリーの父はアブー・ターリブという人物で、アリーの曾祖父ハーシムに血統を

▼メッカ　イスラーム教第一の聖地。イスラーム教の礼拝は同市のカアバ神殿に向かっておこなわれる。同市で毎年おこなわれる大巡礼（ハッジ）の儀礼に事情が許すかぎり一生に一度は参加することは、ムスリムに課せられた宗教的義務である。

▼クライシュ族　アリーから五世代前にメッカでの支配的な地位を得た。

▼カアバ神殿　直方体、石造りの神殿。偶像崇拝を禁じるムハンマドによる撤去までは多くの神像が祀られていた。ムスリムはこの神殿に向かって礼拝をおこなう。

アリーの生きた世界

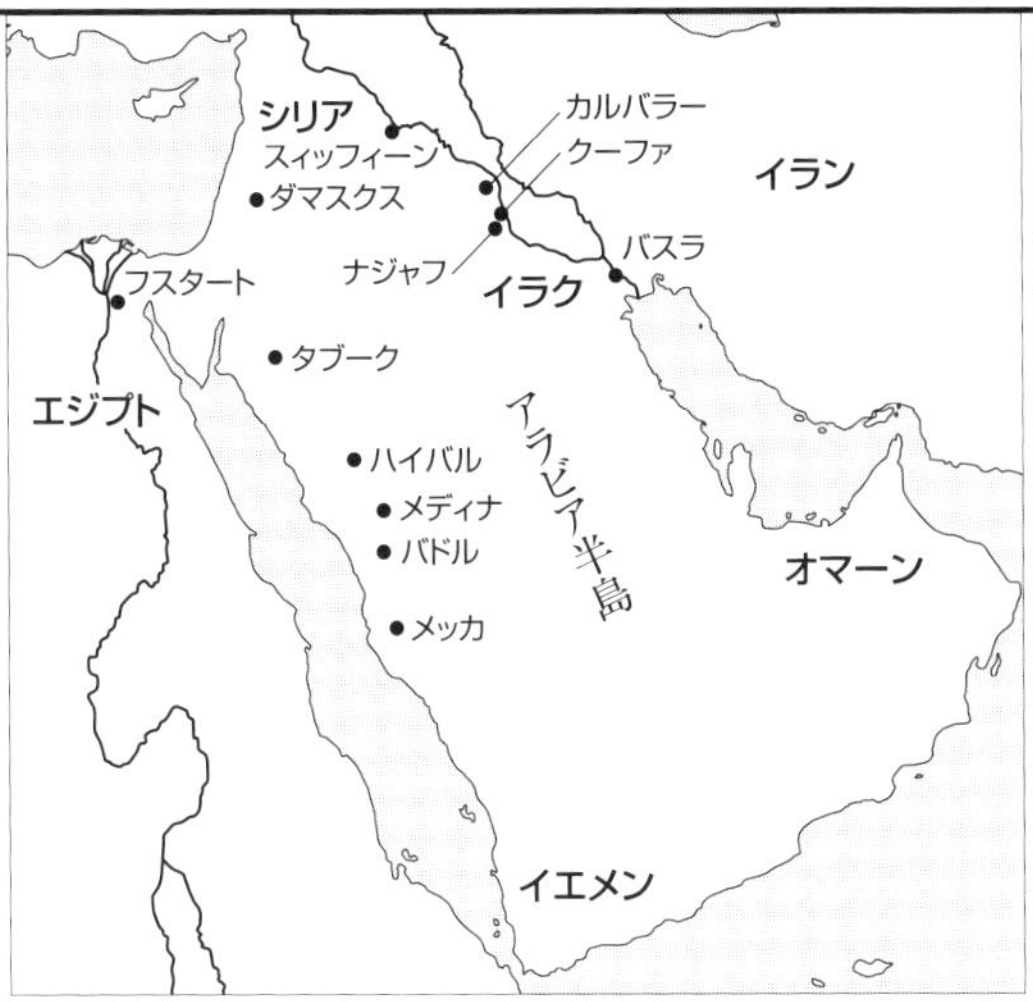
シリア
スィッフィーン
ダマスクス
カルバラー
クーファ
ナジャフ
イラン
バスラ
イラク
フスタート
タブーク
エジプト
ハイバル
メディナ
バドル
アラビア半島
オマーン
メッカ
イエメン

アリーを取り巻く人々の系図

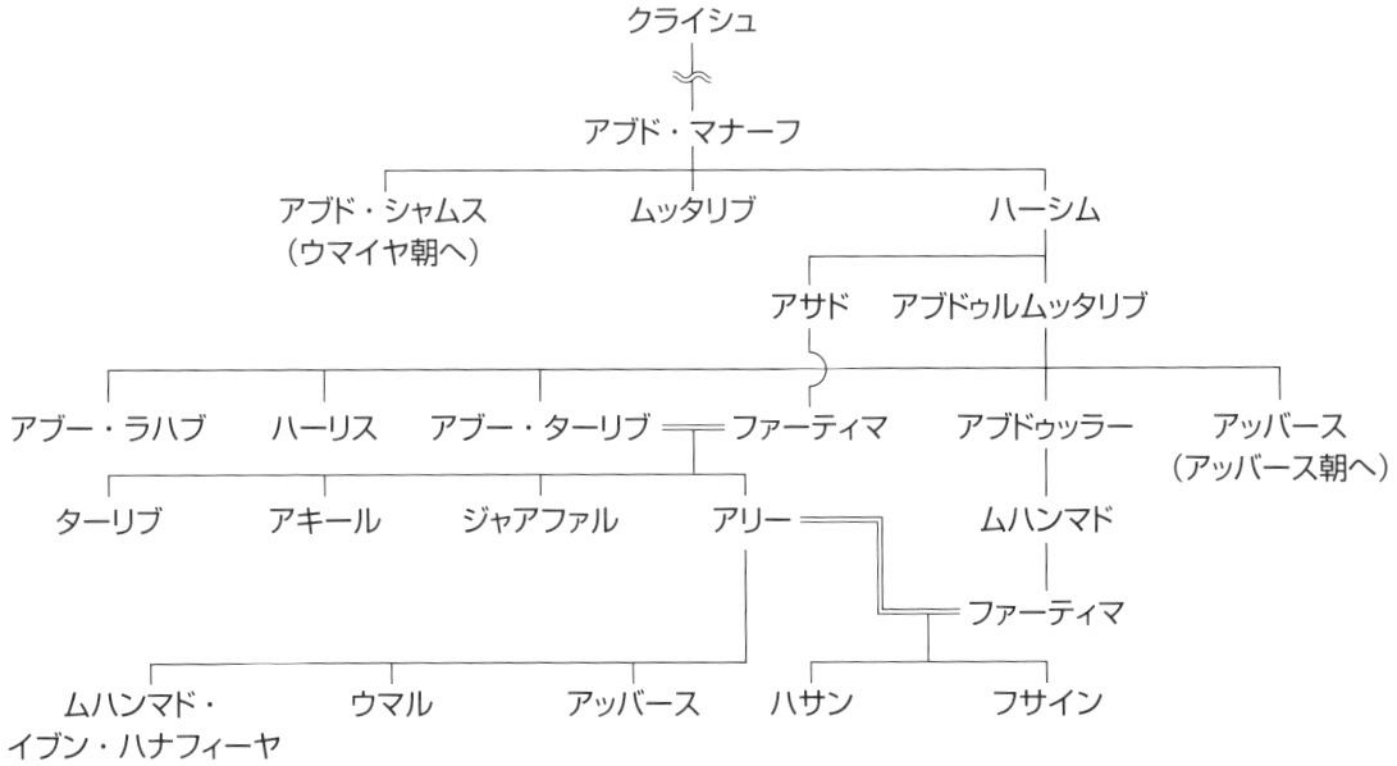
クライシュ
アブド・マナーフ
アブド・シャムス
（ウマイヤ朝へ）
ムッタリブ
ハーシム
アサド
アブドゥルムッタリブ
アブー・ラハブ
ハーリス
アブー・ターリブ
ファーティマ
アブドゥッラー
アッバース
（アッバース朝へ）
ターリブ
アキール
ジャアファル
アリー
ムハンマド
ファーティマ
ムハンマド・
イブン・ハナフィーヤ
ウマル
アッバース
ハサン
フサイン

たどるハーシム家の長であった。母はアブー・ターリブにとって父方のいとこにあたるファーティマ（アサドの娘）であり、アリーの兄弟としては、上にターリブ、アキール、ジャアファルがいた。アブー・ターリブには、同父同母の兄弟が一人おり、アブドゥッラーといった。その唯一の息子がムハンマド、のちに唯一神（アッラー／以下、神）の召命を受けた預言者としてアラビア半島で一般的であった多神信仰を否定し、イスラーム教を説くことになる人物である。なお、アブー・ターリブの異母兄弟の一人にアッバース▲がいたが、その子孫はのちにアッバース朝▲を建てることになる。

　ムハンマドは幼くして孤児となったが、そのさいに彼の面倒をみたのはおじにあたるアブー・ターリブであった。ムハンマドが長じて商人として落ち着いた生活を築いたあと、今度は飢饉の影響でアブー・ターリブが家族の養育に困る。アリーはそのさいにムハンマドに預けられ、ムハンマドのもとで育つことになった。ムハンマドは五七〇年に誕生したとされるので、二人の歳の差はおよそ三〇歳。ムハンマドはアリーにとって親代わりのような存在であったことになる。

▼アッバース（六五六頃没）　メッカ側の一員としてムハンマド率いるメディナ側と戦ったが、六三〇年のメッカ無血開城の過程でイスラーム教に入信。晩年はアリーの陣営に属す。

▼アッバース朝　アッバースの男系子孫によりイラクで七四九年に建てられたカリフ王朝。一時はイベリア半島を除くムスリム支配地域全体を支配した。代表的な都はバグダード。モンゴル勢力の攻撃により一二五八年に実質的に滅亡した。

アリーが一〇歳になった頃、彼の生活に大きな変化が起こる。ムハンマドが、自分は人間に使信を伝えるべく神に選ばれた預言者であると自覚するようになったのである。このさい、ムハンマドの伝える教えを最初に受け入れたのは妻ハディージャ▲であったとされるが、アリーは、ハディージャについでムスリムとなった最初の男性であったという。数年後、それまでは公然と教えを説くことを控えていたムハンマドが手始めに近親者を集めて信仰に誘ったさいにも、彼の招きに（改めて）応じたのはアリーだけであったとされる。

ムハンマドと最初期の信徒を待っていたのは、嘲笑と弾圧であった。ハーシム家の長としての立場からムハンマドを庇護していたとされるアブー・ターリブが没すると、メッカでの弾圧はさらに強まる。そこで六二二年に敢行されたのがメディナ▲への移住、すなわちヒジュラ（聖遷《せいせん》）▲である。ムハンマドのメッカ脱出は、大方の信徒を移住させたあと、弾圧側の刺客たちが彼を寝床で襲おうとしていたその晩におこなわれたとされる。青年アリーはその晩、身代わりとしてムハンマドの寝床にはいり、その脱出を助けた。刺客たちと戦い撃退したとも、寝床の人物をアリーと知った刺客たちが手を引いたとも伝えられる。そ

▼ハディージャ（六一九没）　ムハンマドの最初の妻。キャラバン交易を営む富裕な商人で、雇っていたムハンマドへの信頼を深め結婚。ムハンマドをよく支えたが、アブー・ターリブと前後して没した。

▼メディナ　メッカから北に三四〇キロほどに位置する都市。元来はヤスリブという名であったが、ムハンマドにちなみ預言者のマディーナ（町／訛ってメディナ）と呼ばれるようになった。イスラーム教第二の聖地で、ムハンマドの廟がある。

▼ヒジュラ（聖遷）　メッカからの退避を模索するムスリム側と常態化した党派対立の仲介者を必要とするメディナ側の利害が一致して実現。イスラーム暦（ヒジュラ暦）は教団国家の起源をヒジュラに求め、実施の年を元年とする。

▼ファーティマ（六三二没）　ムハンマドとハディージャの娘。ムハンマドがとくに愛した娘とされ、「ファーティマは私の一部。彼女を苦しめる者は私を苦しめる者」というムハンマドの言葉が伝えられる。

ファーティマらとともにメディナに向かうアリー（十六世紀末）

▼アブー・バクル（五七三頃〜六三四／カリフ在位六三二〜六三四）　最初期の入信者で信徒の長老格。ムハンマド最晩年には集団礼拝の指導をまかされた。カリフ就任後は教団国家から離脱したアラブ諸部族の平定をおこない、さらにシリア、イラク方面への遠征を開始した。

▼教団国家　本書では、ムスリム

のあとアリーは、ムハンマドの代理として、商人としてのムハンマドが預託を受けていた財の精算などを済ませ、自分の母、そしてムハンマドの娘で将来自分の妻となるファーティマ▲（アリーの母と同名／以下、たんにファーティマとする場合はこちらを指す）などとともにメッカを出た。なお、ヒジュラにあたり、寝床での身代わりを引き受けたアリーと同様に身を危険にさらし、メディナへの困難な旅路をムハンマドとともにしたのは、のちに初代カリフとなり共同体の指導をムハンマドから引き継ぐことになるアブー・バクル▲であったとされる。

メディナのムハンマドのかたわらで

メディナ移住後のムハンマドは、メディナ内での権力確立とメッカのクライシュ族をはじめとする外敵との戦いの両方を通じて、ムスリム共同体を核とする教団国家▲の建設に取りかかる。アリーはその事業を支える主要な面々の一人であった。アリーの活躍は多面にわたったが、もっともよく知られているのは戦場におけるそれである。アリーの姿は、一つを除き、ムハンマドが戦った主要な戦いのすべてにあったとされる。当時のアラブの戦いは、まず両軍から名乗り出た戦士が個人戦を戦い、その後に軍同士の戦いを始めることを定石としていた。アリーはメディナ側が個人戦に出す戦士（の一人）であり、ことごとく勝利したという。また、個人戦に続く本戦においてもつねに活躍をみせた。敵の戦死者の半分（あるいは三分の一）はアリーがたおした（六二四年のバドルの戦い▲）、負け戦に味方が算を乱して逃げるなか、単身敵を撃退し続けてムハンマドを守り抜いた（六二五年ないし六二六年のウフドの戦い▲）など、アリーの武勇を伝える伝承には事欠かない。

　アリーの軍功に関し、もっともよく引き合いに出されるのが、六二八年、メディナ勢が北方一三〇キロほどのハイバル▲のオアシスにユダヤ教徒の勢力を攻めたさいの活躍である。メディナ勢はある砦を何度も攻撃していたが、落とすことができないでいた。そんなあるとき、ムハンマドは、自分が翌朝軍旗を与える者は神と預言者に愛された者であり、彼の手で勝利が得られるであろうと述べたとされる。はたして翌朝、ムハンマドに呼び寄せられ軍旗を与えられたのはアリーであった。アリーはそのとき眼病にかかっており、とても戦いに出る状態ではなかったが、ムハンマドはアリーの目に唾を吐きかけ、奇蹟の力に

の共同体（ウンマ）と、安全保障（ズィンマ）などの仕組みによってムスリム共同体の保護を受ける他宗教の人々をも含んだ教団国家とを区別している。

▼バドルの戦い　メッカのキャラバンを襲撃しようとしたメディナ側の軍勢とキャラバンの救援に向かったメッカ側の軍勢のあいだに起こった戦い。寡勢《かせい》のメディナ側の大勝利によりメディナでのムハンマドの地位の確立につながった。

▼ウフドの戦い　シリアとの交易路の安全確保とバドルでの敗戦の雪辱のためメッカ側がメディナ近郊のウフド山に着陣し、メディナ側を挑発したことから生じた戦い。メディナ勢は大損害をこうむったが、メッカ勢はそのまま撤退した。

▼ハイバル　ユダヤ教徒の重要拠点。ムハンマドにメディナを追放されたユダヤ教徒も同地に逃れていた。ユダヤ教徒たちは六二八年には貢納を条件として降伏し、引き続きの居住を認められたが、六四一年に追放された。

ウフドの戦い（十六世紀末）

アリーとファーティマとの結婚（十六世紀末）

よって治してしまう。こうして陣を出たアリーは、いつものように個人戦にも勝利し、さらに勇戦する。ムハンマドの予言どおり、アリーによるこの奮戦で砦は陥落した。なお、アリーはしばしば「（神に）嘉《よみ》された者」という意味の「ムルタダー」という別名でも呼ばれるが、それはこのハイバルの戦いで示された、神と預言者の彼への愛を指してのものであると説明されることがある（有力な異説は、神と預言者が彼を嘉してファーティマの夫としたゆえとするもの）。

ムハンマドは、メディナに移ったあとも引き続きアリーを身近においていた。移住後ほどなく、ムハージルーン（メッカからの移住者たち）とアンサール（メディナで彼らを迎えた信徒たち／援助者の意）とのあいだでペアを組ませ、義兄弟の契りを結ばせたとき、ムハンマド自身は相手に（アンサールに属す人物ではなく）アリーを選び、義兄弟としたという。また、アリーは六二三年かその翌年にはムハンマドの娘の一人、ファーティマとの結婚という栄誉を与えられている。こうしてムハンマドにとってアリーは、父方のいとこにして「育ての子」、さらに娘婿でもあるということになった。アリーはムハンマドに個々の啓示がくだった背景や状況、そしてその意味について深い知識をもっていたとされ、また神からムハンマドに啓示がくだされたおりに、それを書き留めたとされる「啓示の書記」たちの一人にも数えられるが、それもムハンマドと彼のあいだのとくに近しい関係を反映してのことである。ムハンマドがアリーを兄弟のように考えていたことについては、彼がアリーに留守居を命じた唯一のケースとされるタブーク遠征▲（六三〇年）のさいに、そのことに不満を述べるアリーに対し発したとされる言葉がしばしば引き合いに出される。「君はモーセ▲にとってのアロン▲の立場では不満なのか」というその言葉で、アリーは、イスラエルに対する指導者としてのモーセを補佐したその兄弟になぞらえられているのである。

メディナとメッカの争いは、やがてメディナ側の優位がはっきりとするようになり、メッカは六三〇年に無血開城する。その前段となったのが、六二八年に結ばれたフダイビーヤの和議▲であった。アリーは、ムハンマドとメッカ側の代表との折衝に立ち会い、和議の文書を書き留める役を務めたとされる。ムハンマドの名に「神の使徒」という一言を加えることをメッカ側が拒んださい、ムハンマドはそれを受け入れたのにアリーが拒み、仕方なくムハンマド自身が

▼タブーク遠征　タブークはメディナから西北西に五二〇キロほどの都市。ビザンツ勢力の同市周辺からの排除をねらって遠征したメディナ勢は、ビザンツ軍との接触は逸したが、地域のアラブ諸部族を従えることに成功した。

▼モーセ（紀元前十三世紀頃）　アラビア語ではムーサー。イスラーム教においても崇敬の対象とされ、主要な預言者の一人に数えられる。

▼アロン（紀元前十三世紀頃）　アラビア語ではハールーン。モーセの兄でその補佐役であったとされる。アロンはイスラーム教では預言者とされるので、ムハンマドは本文中の言に続け「とはいえ私のあとに預言者は出ないのだが」と述べた、ともされる。

▼フダイビーヤの和議　巡礼（小巡礼）のためとして多数の信徒を率いメッカに向かったムハンマドとメッカ側とのあいだで結ばれた。一〇年間の休戦や（当年ではなく）翌年の巡礼実現のための申し合わせなどを内容とする。

カアバの神像を打ち壊すアリー（十六世紀末）

▼別離の巡礼　メッカ開城によりカアバ巡礼への障害がなくなったムハンマドが、信徒とともにおこなった最初で最後の大巡礼（スンナ派は小巡礼も合わせたものと理解）。ムハンマド死後の規範となる彼の言行がとくに多く記録される機会となった。

言葉を削ったと伝えられている。

メッカを手中にしたムハンマドがおこなったとされるさまざまな施策の一つに、カアバ神殿に安置された多くの神像の打ち壊しがあった。そのさい、打ち壊しを実行したのはアリーであったという伝承が存在する。伝承によっては、高いところにすえられた神像は、ムハンマドに肩車されたアリーが取り除いたとされる。

こうしてメッカのクライシュ族が屈服すると、メディナのムハンマド政権はアラビア半島に広く勢力を拡大する。アリーはその過程で起こった戦いでも活躍しただけでなく、イエメン方面に派遣され、諸部族との折衝や指導に力を発揮した。

ムハンマドは、六三二年に、一〇年の歳月を過ごしたメディナで没する。同年に彼が信徒を率い大挙しておこなったメッカ巡礼は別離の巡礼▲と呼ばれるが、メッカからメディナに向けたその帰路、フンムの水場（ガディール・フンム）で彼がおこなったとされる説教は、ムハンマド没後の共同体におけるアリーの地位をめぐるのちの論争のなかで枢要な位置づけをもつことになる。ムハンマドは多数の信徒たちを前にアリーの腕をとり、これまで自分を「マウラー」としてきた者たちは、自分の死後はアリーを「マウラー」とみなせと述べたとされる。後述するように、この「マウラー」の意味が問題となるのである。

三人のカリフの時代

　ムハンマドは別離の巡礼から三カ月ほどのうちに没した。この時点でアリーは三二、三歳である。彼は六六一年に暗殺されることになるので、結果として人生の折り返し点あたりでムハンマドとの別れを迎えたことになる。メディナの有力者たちは、ムハンマドが亡くなるとすぐに、その跡を継いでムスリム共同体と教団国家を率いる指導者の選出に奔走することになった。その経緯に関する伝承が伝えるのは、ムハージルーンとアンサールとのあいだでの駆け引きである。自分たちのあいだから指導者を出そうと動いていたアンサールの集会に押っ取り刀で駆けつけたおもだったムハージルーン、なかでものちに二代目のカリフとなるウマル▲が巧みにことを運び、ムハージルーンの長老ともいうべき立場にあったアブー・バクルをカリフとすることに成功したと伝えられる。

フンムの水場での説教（十四世紀初）

▼ウマル（五九二〜六四四、カリフ在位六三四〜六四四）　ムハージルーンの有力者の一人で娘ハフサはムハンマドの妻の一人。アブー・バクルの指名により二代目の指導者となり、アラビア半島をこえた大征服を指導するとともに教団国家の諸制度整備をおこなった。

▼サーイダ族　アンサールを構成するハズラジュ族の枝族。

▼アラブ・ムスリムの大征服　ムハンマドの死により離反したアラブ諸部族との戦い（リッダ戦争）に始まった軍事行動は、アブー・バクル期に諸部族が平定されたあとも継続され、シリア、イラク、エジプト、イランなどの諸地域の征服につながった。

アンサールが集まっていた集会所にちなんで「サーイダ族▲のサキーファ（集会所）でのできごと」と呼ばれるこの重要なできごとの場に、アリーの姿はなかったとされる。彼やハーシム家の人たちはムハンマドの葬送にかかりきりになっており、それを終えたときにはすでに、カリフという新たな地位へのアブー・バクルの選出が既成事実となっていたとされるのである。アリーがアブー・バクルに忠誠の誓いをおこなったことについては衆目が一致しているが、それは何カ月もたったあとでのことであったとする伝承が優勢である。また、ムハンマドの死後、ほどなくファーティマも没しているが、死にいたる過程、また彼女の死とアリーの態度との関係についてもいろいろなことがいわれることになる（後述）。

アブー・バクルとその跡を継いだウマルのカリフとしての治世（あわせて六三二〜六四四年）は、アラブ・ムスリムによるいわゆる大征服▲が本格始動した時期である。ムハンマド存命中に戦士としてのアリーが示した活躍を考えれば、征服戦争での彼の大活躍が伝えられていて当然のように思われるが、そのようなことはいっさいない。彼は両カリフの政権とは距離のある立場にいたと考えざるをえない。ただし彼は、暗殺者に襲われ死期を悟ったウマルが自らの後継者を互選させるために組織した、主要なムハージルーン六人からなるカリフ選出のための合議体（シューラー）▲のメンバーには選ばれたとされる。主流派ではなかったが、総意にもとづいて共同体の最重要事を決めるさいには外すことができないような重要人物の一人には数えられていたということになろう。

六人の合議の結果、第三代カリフに選ばれたのはウスマーン▲であった。アリーが政治の表舞台にあらわれるようになるのは、このウスマーンの治世後半になってからである。ウスマーンはアブー・バクルらとともにムハンマドによるイスラーム教創唱の最初期に入信した、主要なムハージルーンの一人であったが、彼の属したウマイヤ家▲は、新宗教を唱えるムハンマドを迫害した、メッカの旧勢力を代表する有力氏族であった。ウマイヤ家の面々のイスラーム教への改宗も、メッカがメディナに屈服したさいに集団でおこなわれており、その誠意には疑問も差しはさまれていたようである。カリフになったウスマーンは、このウマイヤ家の親族たちを各地の総督などに任じたが、そのことが各地で不協和音を生むようになる。「現場」で血と汗を流してきたアラブ・ムスリム戦

▼カリフ選出のための合議体（シューラー）　次代のカリフを互選するために組織されたとされる。メンバー構成や展開といった詳細については伝承間に不一致がみられる。

▼ウスマーン（六五六没、カリフ在位六四四〜六五六）　ムハージルーンの有力者で、生涯にムハンマドの娘二人をめとったことから「二つの光の主」の称号をもつ。「ウスマーン版」と呼ばれる版のコーランをつくらせ、それを正典としたとされる。

▼ウマイヤ家　家長アブー・スフヤーンのもと、ムスリム迫害および彼らとの戦いに参加したが、メッカ開城時の改宗により勢力を保った。ウマイヤ朝を建てるムアーウィヤはアブー・スフヤーンの息子。

士のあいだから、こうした面々が自分たちの上に立ち、征服の果実を得ることへの不満が噴出したのである。そのような状況のなかアリーは、主流派からはずれていたことも働いてであろう、不満分子の信望を受け、彼らと話ができる存在として、政治的な重みを増していった。アリーがウスマーンに統治のあり方を改めさせるべく働きかけたことについては大方の理解が一致している。

カリフとしてのアリー

ウスマーンは不満分子とのあいだの問題を解決することができず、事態は結局、フスタート▲やクーファ▲といった征服地の軍営都市（ミスル）▲からメディナに集まりウスマーン邸を包囲していた者たちによるカリフ殺害という結末にいたる。そして、ウスマーン殺害直後の混乱のなかで起こったのがアリーの第四代カリフ就任であった。アリーのカリフ在位は、六五六年から暗殺によって没する六六一年までの五年弱のこととなる。

アリーのカリフ位は、しかし、就任時のメディナにおいてさえ有力者全員の支持を受けたものではなかった。また、彼に忠誠の誓いをおこない、彼の軍に

▼フスタート　エジプトの軍営都市。六四二年に同地を征服したアムル・イブン・アースが建設。かつての市域一帯は、現在オールド・カイロと呼ばれる。

▼クーファ　イラク南部の軍営都市。六三八年頃、教友サアド・イブン・アビー・ワッカースにより建設。バスラとともにサーサーン朝旧領などのさらなる征服の拠点となった。

▼軍営都市（ミスル）　各地を征服したアラブ・ムスリムの集住地、征服地支配の拠点として、征服活動の最初期からウマイヤ朝期にかけて各地で営まれた。アラブ戦士は台帳に登録されて給養を受けた。

▼第一次内乱　これからその過程を記す六五六年から六六一年までの

加わった者たちのなかには、ウスマーン殺害にかかわった者たちが含まれていた。このことから予想されるように、彼の治世は波乱に満ちたものとなる。それはそのままイスラーム史上「第一次内乱」▲と呼ばれる時期にかさなるのである。アリーは、そのカリフ位を共同体の全体に認めさせることさえできないままに没することになる。

　内乱の第一幕でアリーが対峙したのは、ムハンマドの有力な未亡人アーイシャ▲とムハージルーンの二人の有力者ズバイル▲とタルハ▲の三人が率いる勢力であった。もともとアリーと不仲であったとされるアーイシャは、ウスマーン殺害を強く糾弾し、殺害者たちへの厳罰を主張してアリーに反対したとされる。かつてウマルが組織させた六人の合議体のメンバーでもあったズバイルとタルハは、当初はアリーのカリフ位就任に賛同し、忠誠の誓いもおこなっていた。しかし彼らも、早々に忠誠の誓いを反故《ほご》にしてアーイシャと組み、やはりウスマーン殺害者たちの早急な処罰を主張する。

　南イラクの軍営都市バスラ▲で兵を集めようとする三者連合と、彼らを追ってイラクにいたったアリーは、六五六年十二月初旬、バスラ近郊で干戈《かんか》をまじえ

内乱は、六八三年から六九二年にかけての「第二次内乱」との対比からこう呼ばれる。

▼アーイシャ（六一四頃〜六七八）　アブー・バクルの娘。ヒジュラ後のムハンマドと八歳で結婚。アリーとは、ムハンマドの生前にアーイシャが不貞を疑われたさい、彼が厳しい対処を進言したことなどから不仲であったとされる。

▼ズバイル（六五六没）　ムハンマドの母方のいとこ。父はハディージャの兄弟。最初期の入信者。息子イブン・ズバイルはカリフを称して第二次内乱の一方の立役者となる。

▼タルハ（六五六没）　最初期の入信者の一人で、ウフドの戦いではムハンマドを守ろうとして重傷を負ったとされる。

▼バスラ　六三八年頃に建設された南イラクの軍営都市（ミスル）。クーファとともにサーサーン朝旧領などのさらなる征服の拠点となった。現在でも第三の人口をもつイラクの主要都市として栄える。

た。ムスリムの軍同士が本格的に戦ったのははじめてのことであった。戦いは一日で決着する。装甲に守られた駕籠をつけたラクダに乗り軍中にあったアーイシャはとらえられ、ズバイルとタルハは戦死する。アーイシャの乗ったラクダを焦点に戦闘が展開したとされるこの戦いは、ラクダの戦いと呼ばれる。

第一次内乱の第二幕は、アリーとムアーウィヤ▲との戦いである。ウスマーンと同じウマイヤ家の一員であったシリア総督のムアーウィヤは、アリーのカリフ就任を認めなかったばかりか、アリーこそがウスマーン殺害の黒幕であったと主張し、亡きカリフの血讐《けっしゅう》を唱えた。アリーはラクダの戦いをへてクーファに拠点を移していたので、二人の争いはシリアとイラク▲の戦いという様相を帯びる。ムアーウィヤ側にはエジプト征服で名をなした有力武将アムル・イブン・アース▲もつき、ムアーウィヤの参謀役となる。

アリーとムアーウィヤは、六五七年、シリアとイラクのあいだ、ユーフラテス川中流域のスィッフィーン（現在はシリア領、人造湖アサド湖のあたり）で衝突する（スィッフィーンの戦い）。睨《にら》み合いのあとに始まった戦いはアリー側に有利に展開したが、ムアーウィヤ側は、アムルが出した策によってそれをしのぐ。

▼ムアーウィヤ（六八〇没、ウマイヤ朝初代カリフ、在位六六一～六八〇）　六三〇年のメッカ開城のさいにイスラーム教に入信。ウマル治世にシリア総督となる。六六〇年にはカリフ位を称す。ウマイヤ朝体制を確立し、対ビザンツ戦争を積極的におこなった。

▼シリアとイラク　シリアは旧ビザンツ帝国領内の重要地域、イラクは旧サーサーン朝領内の重要地域であることに注意。両者の争いは、地政学的見地からは、アラブ・ムスリム勢力勃興前の両者の争いを彷彿とさせる。

▼アムル・イブン・アース（六六三頃没）　クライシュ族出身。六二七年以後にイスラーム教に入信。六三九～六四二年のエジプト征服を指揮し同地の総督となる。ウスマーン治下で失った同職をアリーとの戦いのあとに取り戻し、死ぬまで保持した。

▼**羊皮紙**　この時のコーランないしその断片が羊皮紙に書かれていたか否かは確かでないが、紙普及以前であることを示すため、あえてこのように記した。羊皮紙でなければパピルスが有力候補。

一部の兵たちの槍にコーラン(の文句を書いた羊皮紙片か)を結わえさせて前進させ、人と人との戦いの帰趨によってではなく、神の言葉であるコーランに照らして争いを決着させるべきであると表明したのである。アリーはそれをのむ。その結果、対立の解決は両者がそれぞれ選ぶ裁定者(実質的にはそれぞれの代表者)による協議に委ねられることとなり、両軍はスィッフィーンを去ることになった。この協議はしかし、かなりの時間を費やしてもアリーとムアーウィヤの両者を納得させるような解決策を出すことができず、両者はともにカリフを称して並び立つ。二人のカリフのあいだの戦争状態は、アリーが暗殺されるまでそのまま続くこととなった。

スィッフィーンの戦いは、第一次内乱におけるアリーの三つ目の敵、ハワーリジュ派が誕生する契機ともなった。「ハワーリジュ」という言葉は「出ていった人々」を意味するが、その名のとおり、彼らは、ムアーウィヤとの問題を交渉によって解決しようとするアリーへの不満から彼の陣営を離脱した人々である。彼らは、カリフたるアリーが反逆者たるムアーウィヤと交渉をおこなおうとするそのことを彼の罪と考え、アリーのカリフとしての資格、それどころ

▼**金曜モスク**　成人の男性住民による参加が義務とされる毎週の金曜礼拝がおこなわれるモスク。当時は、政治指導者自身が金曜礼拝前の説教と礼拝の先導をおこなうのが一般的であった。

クーファの金曜モスクと政庁跡（手前の空き地）

か彼のムスリムとしての資格をも否定したのである。自派以外の人々の考え方を厳しく否認し、そうした人々の殺害さえ是としたとされる彼らは、六五八年夏、イラク中部のナフラワーンに野営していたところをアリーに攻められる。アリーに帰順しなかった多数の者たちは、そこで容赦なく殺害されることになった。

ナフラワーンにハワーリジュ派を襲ったアリーの軍は、じつは、ムアーウィヤとの交渉が妥結しなかったことを受け、ふたたびシリアに進軍しようとして集められた軍であった。この軍は、もともとは自軍の一部であった面々を「なで切り」にしたナフラワーンの戦いをへて戦意を失ったとされ、アリーはムアーウィヤに向けて積極的な攻勢を取ることができずに時を失す。そのあいだにも両陣営間の力のバランスは着実にムアーウィヤ有利に傾いていった。そんななか、アリーに最期の時が訪れる。六六一年一月末のある日、政庁に隣接するクーファの金曜モスク▲で事件は起こった。ハワーリジュ派の生き残りの一人であったイブン・ムルジャム・ムラーディーがふるう毒が塗られた刃の一撃を頭に受けたアリーは、三日後に息を引き取る。彼の遺体は、敵による冒瀆《ぼうとく》を避け、長男ハサン▲と次男フサイン▲（ともにファーティマを母とする）によってひそかに葬られたと伝えられる。

　アリー亡きあとのクーファでは、ハサンがカリフ位継承を宣言したものの、軍をまとめることさえできずに、ほどなくムアーウィヤとの交渉に臨む。ハサンはカリフ位の主張を取り下げメディナでの年金生活に移る、というのが基本的な取り決めであった。分裂していたムスリム共同体はこうしてムアーウィヤによってふたたび統一され、シリアを拠点とするウマイヤ朝▲の時代が始まることになる。

主要な教友としてのアリー

　アリーは草創期のムスリム共同体で重きを占め、晩年の五年弱にわたっては四代目のカリフを称しさえした人物であった。なかでも彼のムハンマドとの近しさには特筆すべきものがある。彼はムハンマドの父方のいとこであり、幼少期から彼に育てられ、長じてはその娘婿にも義兄弟にもなった。ムハンマドの父方のいとこはほかにもいたし、娘婿もほかに二人いたが（そのうちの一人はウ

▼ハサン（六二五頃〜六七〇頃）　フサインとともにムハンマドの深い愛情を受けたとされる。クーファからメディナに移ったあとは、没するまで表だった政治的活動をおこなわなかったとされる。一説ではムアーウィヤの陰謀により毒殺された。シーア派第二代イマーム。

▼フサイン（六二六頃〜六八〇）　兄とともに戻ったメディナで生活していたが、ウマイヤ朝第二代カリフ、ヤズィードへの忠誠の誓いを拒否。クーファを拠点に挙兵するために移動中、イラクのカルバラーで大軍に包囲され殺害された。シーア派第三代イマーム。

▼ウマイヤ朝（六六一〜七五〇）　イベリア半島から西北インドにいたる領域を支配。ムアーウィヤの地ならしにより息子ヤズィードがカリフ位を継いだことで、カリフ位の世襲を始めたといわれる。

スマーン)、両方の立場を兼ね備えるのはアリーだけであった。また、ムハンマドの育ての子と呼べるのも彼だけであった。ちなみに、ムハンマドの男児はすべてが夭逝《ようせつ》しており、男系の孫はいない。

入信順からみたさいのアリーの地位も極めて高い。ムハンマドの家族同然であった彼は最初の男性信徒であったとされる。入信時の彼が一〇歳前後の子どもであったことから、彼の入信は十分な理解をともなわない価値の劣るものであったとされることはある(そのさいに最初の大人の入信者として言及されるのはアブー・バクル)。しかし、そのような見解をとる者も、アリーが最初期の入信者であったことを否定するわけではない。

ムハンマドの逝去にいたるまでの期間に、アリーがムハンマドとムスリム共同体に対しておこなった貢献にも、明らかに大きなものがあった。ムハンマドが公然たる宣教を始めたとき、親族にさえそっぽを向かれた彼に独《ひと》り応答したのはアリーであったし、危険の迫る寝床でムハンマドの身代わりとなったのもアリーであった。メディナ移住後の数々の戦いでアリーが成した貢献が抜きん出たものであったことには異論の余地がないし、預言者にくだった啓示の意味

●描かれたアリーたち

①イラン（二十世紀）

②イラン（二十世紀）

③ベクタシー教団の聖所にて（アルバニア。両脇はハサンとフサイン）

④ベクタシー教団の施設にて（アルバニア）

⑤アフレ・ハックの聖所にて（イラン）

⑥南アジア（時期不詳）

⑦イラン（十九世紀。両脇はハサンとフサイン）

を正しく後世に伝える、あるいは重要な和議文書の作成にかかわるという、文武の別でいえば文に属す類の貢献もおこなっている。

　イスラーム教の用語法では、生前のムハンマドと接したことがある第一世代のムスリムを教友▲と呼ぶ。その定義から推測されるように教友は数も多く、当時のムスリム共同体における地位や役割は千差万別である。そのなかでアリーは、まちがいなく指折りの重要性をもつ一人であった。

　最後に、彼の外見に関し、理想化があまりおこなわれていないと思われる言い伝えが何を述べているかにふれておこう。そうした言い伝えによるとアリーは、背が低く、たっぷりとしたお腹をもち、大変色黒で、大きな目をしており、（長じてからのことであろうが）「てっぺんはげ」であったという。これがどれだけ事実を反映しているかが疑問なのはいうまでもない。しかし、アリーを描いたものとされる各地の宗教画をみるときにこの描写を思い浮かべるのは、「通の嗜《たしな》み」としてあるいは乙《おつ》なことかもしれない。

▼**教友**　細かな定義には諸説あるが、ムハンマドを遠くからでもみたことがある者を含むという説が有力。

②—さまざまに位置づけられるアリー

注目の人、アリー

アリーが生きた草創期のムスリム共同体は、ムスリムがイスラーム教やムスリム共同体のあり方を考えるさいにとくに重要な意味をもっている。ムハンマドが生きていた六三二年までの時期は、共同体が神の導きをリアルタイムで受けることができた特別な時期であり、模範となる時代である。それに続く時期も、立場によって理屈は異なるが、ムハンマド期につぐ素晴らしい時代とされる。そのような文脈のなかで、共同体の最重要メンバーの一人であったアリーに関しても、さまざまな位置づけがなされることとなった。前章でみたアリーの生涯を踏まえ、この章ではそうした多様な位置づけをみていこう。この作業は、さまざまなムスリムにとってアリーとは何者なのかを考える役に立つだけでなく、それぞれにアリーを位置づけた後世のムスリムたちと彼らのたどった歴史について知見を深める助けにもなるはずである。

第四代正統カリフとしてのアリー

まず、スンナ派による「第四代正統カリフ」という位置づけをみてみよう。正統カリフとは、神に正しく導かれたカリフを意味し、一般にはアリーまでの四人のカリフがそれにあたるとされる。これは、アリーまでのカリフをムアーウィヤ以後のカリフと区別するための言葉である。ムアーウィヤはカリフ位の世襲を始め、ウマイヤ朝という王朝を創始したことにより▲カリフ位を「王権」におとしめてしまったとされ、正統カリフの名に値しないとされるのである。

正統カリフという概念を説明するためには、「スンナとジャマーアの徒」という、スンナ派のより本式な自称の説明から始めるのが適当である。この名称は、スンナ派が、正しい信仰と実践のための導きとして、コーランに集められた神の啓示に加え、ムハンマドと草創期の共同体が残したスンナ（慣習ないし前例）を重視することを示す。そしてさらに、それにともなって必須となる世代をまたいだスンナの正しい継承については、ジャマーア（集合体の意／スンナ派信徒全体を指す）による記憶と記録の分有がそれをはたすと考えることを表明する。

▼カリフ位の世襲　ただし、ムアーウィヤ以前に関し、世襲の動きともとれる事例がまったくなかったとはいえない。ウマルは息子アブドゥッラーに（も）カリフ位継承を打診して断られ、アリーの跡はハサンが継いでいる。後継者とされる者の適格性と広範な支持の有無とに関する後世の評価も、ムアーウィヤに対する評価に影響していよう。

ファーティフ・モスク（イスタンブル）**の天井に大書された四正統カリフの名前**（右上から時計回りに、アブー・バクル、ウマル、ウスマーン、アリー）

スンナとジャマーアをめぐるスンナ派のこの姿勢は、最初期のムスリム共同体を構成していた教友たちの理想化につながる。スンナ派の教義では、すべての教友たちは、（そうでないことが個別に確認されない限り）その言葉を信じることができる誠実な人々であり、彼らが構成していた共同体はとくに模範とするに足る立派な共同体であったことになる。そうでなければ、教友が伝えるムハンマドのスンナにも、彼ら自身のスンナにも、規範性を与えることはできないからである。最初期の共同体は、世襲によってではなく、それぞれの適格性によってその地位を占めた、とくに徳の高い「正統カリフ」に指導されていたという理解は、このような教義上の必要に応じて生じたものといえる。

四人の正統カリフは就任順に高い徳をもったとされ、彼らのあいだに互いが根にもつような反目が生じることはなかったとされる。アリーは四度目のチャンスまでカリフになれなかったわけであるが、もちろんそれに満足していたことになる。先行するカリフたちの時代、アリーは政治と軍事の表舞台で活躍することはなかったが、それは共同体にその必要がなかったからである。現にウスマーンが危機に瀕するとアリーは彼を助けようと尽力したではないか。アリーと先行するカリフたちの関係はこのように説明されることになる。

スンナ派の教義に従えば、教友が権力欲に駆られてあい争うようなことはない。ただし、見解の違いが生じることはありうる。ムハンマドから直接に教えを受けた彼らは、それぞれに共同体や個々のムスリムがとるべき道を判断する資格をもつが、判断を過《あやま》つ、あるいは互いの判断が食い違うことはありうるとされるからである。道をはずれてしまったとされるハワーリジュ派は別として、アーイシャ、ズバイル、タルハの三者とムアーウィヤがアリーと敵対したことはこの論理で説明される。アリーはさまざまな事柄を勘案してウスマーンの殺害者を罰しない（または罰を先延ばしにする）という判断をくだした。それに対し彼らは、共同体と正義のために誠実に別の判断をし、殺害者たちへの厳罰を求めたとされる。また、彼らはアリーに逆らったことをすぐに後悔するようになった、あるいは戦いにいたる過程においてすでに後悔していたが、邪悪な者たち（しばしばユダヤ教からの改宗者が示唆される）による陰謀が彼らを戦いに引きずりこんだ、などともいわれる。

スンナ派のこのような見解は、ムハンマドは死後の共同体を任せる指導者を任じておらず、決定はジャマーアに託されたという理解にもとづく。次節で述べるように、シーア派は、ムハンマドはアリーの後継者位を繰り返し宣言していたと主張する。その最重要の例とされるのがフンムの水場での説教である。この説教のキーとなる「マウラー」という語は多くの意味をもつ▲が、シーア派は、ここでの意味は「服従が義務となる主人」であったと解釈する。そして、ムハンマドの言葉は、水場に集まった多数の信徒に対しアリーの後継者位を知らしめる明白な宣言であったと主張するのである。

シーア派のこうした主張に対しスンナ派は、ムハンマドによる宣言とされるできごとの事実性を否定するか、異なった解釈をとる。フンムの水場での説教については後者であり、説教があったことは認めたうえで、「マウラー」を別様に解釈する。アリーが帯びていたなにか別の特別な立場、例えば「信徒（の魂）に（信徒自身よりも）近しい者」という霊的に卓越した立場を示したなどと解釈し、政治的な後継者の指名ではなかったとするのである。そしてもちろん、アリーがそのことを理解していなかったはずはないと考える。

▼マウラーの多義性　その不満がウマイヤ朝滅亡の一因となったとされる非アラブ・ムスリムを指すマワーリーもマウラーの複数形である。改宗者はアラブ・ムスリムを保証人・保護者としたが、そのさい、保護者・被保護者の両方がマウラーと呼ばれた。

初代イマームとしてのアリー

では、シーア派のいう「初代イマーム」とはどういうことであろうか。シーア派は、アリーが四番目に占めることになったカリフ位をムハンマドの真の後継者の地位とはみなさない。真に重要なのはイマーム▲位という別の地位であり、アリーはムハンマドの没後、間髪をおかずにその地位を占めたとする。これが、アリーは初代イマームであったという教義の意味するところである。これに従えば、アリーはムハンマド没後一貫してイマームであり、晩年にはカリフ位も兼ねたということになる。

イマーム位はカリフ位とはおおいに趣を異にする。カリフ位はムスリム共同体がつくり出した人為の制度であり、正統カリフたちがいかに高徳であったとしても、人間である彼らは人並みに過ちを犯すこともあったことになる。その点、神により任じられ、無謬性《むびゅうせい》▲をもつとされる預言者とは性格を異にする。スンナはジャマーア全体によって伝えられるという教義は、ある意味、カリフに人間離れした権能を認めないこのような指導者論を補うものである。これに対し、シーア派のイマームは、預言者と同様に神に任じられ無謬性を与えられた、

▼**イマーム**　原義は「先導する者」。なお、実際にはカリフのことをイマームと呼ぶ場合もあり、ややこしいが、ここでは両者を完全に区別して説明する。

▼**無謬性**　過ちや罪を犯さない性質。必ずしも過ちや罪をいっさい犯さないというわけではなく、この性質が妥当する範囲については神学的な議論がおこなわれてきた。

常人ならざる指導者である。イマームはムスリム共同体のみならず森羅万象を導く存在であり、世界はイマームなしでは一瞬たりとも存続しえない。ムスリム共同体内での正しい信仰と実践の継承も、イマームの存在によって保証されることになる。

シーア派は、神の命を承《う》けたムハンマドが、繰り返し繰り返し、アリーこそが自分の跡を継ぐべきイマームであると宣言していたと考える。当然ながらアリーは、ムハンマドが没した時点で自分がイマームとなったことを自覚していたことになる。彼は近しい支持者などにそのことを伝えてさえもいたとされる。しかし彼は、先行する三人のカリフに対し、彼らのカリフ位の否認を貫くことはなかった。これは、彼が共同体の平穏と一体性を自分の権利よりも重視していたからであるとされる。カリフたちに助言を求められたアリーがそれに誠実に応じたのも同じ目的によるとされる。ウスマーンの失政をみたアリーが、彼を正し、状況を改善しようとしたのも、共同体の利益を優先する無私の立場からであったということになる。

シーア派は、アリーこそがムハンマドの真の後継者であることは、アブー・

バクル、ウマル、ウスマーンも、アーイシャ、ズバイル、タルハ、ムアーウィヤも、十分に理解していたと考える。では、彼らはなぜアリーの権利を奪いアリーに逆らったのか。その根本的な理由は権力欲や物欲、嫉妬といったかたちをとってあらわれる彼らの我欲ということになる。したがって、シーア派が彼らに関する率直な考えを表現するとき、それは教友全員に敬意をはらうスンナ派にとって受け入れがたいものとなる。とくに、シーア派がおこなうアブー・バクルとウマルに対する呪詛《じゅそ》は、歴史上のさまざまな場面で宗派間の衝突の原因となってきた。シーア派が多数を占めるイランで一九八〇年代初めまで大っぴらにおこなわれていたウマルの暗殺記念日を祝う祭りもそうした性格をもつものである。この祭りは、クライマックスにおいてウマルに擬した大きな人形に火が放たれるという刺激的なものであったが、イラン革命▲の指導者ホメイニー▲によって禁止された。宗派をこえた全ムスリムの団結を標榜する彼の政策の障害になると考えられたのである。

なお、ここまでその含意を断らずにシーア派という言葉を使ってきたが、本書でとくに断ることなくシーア派という場合には、今日抜きん出て大きな信徒

▼イラン革命　急速な西洋化を推進したパフラヴィー王朝が一九七九年に超党派的な革命運動により打倒され、シーア派の聖職者が指導するイラン・イスラーム共和国体制が打ち建てられた革命。同体制は現在も存続する。

▼ホメイニー（一九〇二〜八九）　イラン革命を指導し、自らの「法学者の統治」論にもとづきイラン・イスラーム共和国の初代最高指導者となったシーア派聖職者。全ムスリムの連帯を訴えた。

▼十二イマーム派　アリー、ハサン、フサインに続けてフサイン直系の特定の系統に属す九人のイマームを認める。十二代目のイマームは九世紀以降、信徒との交流が絶たれる「ガイバ（お隠れ）」の状態にあり、終末の時に再臨するとされる。

周縁部に十二イマームの名が刻まれた銀貨（イルハン朝）

▼シーア派の諸分派　イスマーイール派、ザイド派、カイサーン派などがある。直後に述べる徳の劣った者のイマーム位を認めるのはザイド派の一部。

▼スーフィー教団　創始者の衣鉢を継ぐとされる教団長やその各地の代理などを中心にネットワークを形成することが多い。カーディリー教団、リファーイー教団、ナクシュバンディー教団などが知られる。

数をもつ分派、十二イマーム派▲を指している。シーア派の諸分派▲は、ムハンマド死後の共同体でもっとも指導者たるにふさわしかったのはアリーであるという点では一致する。しかし、徳の劣った者が徳の高い者の存在にもかかわらずイマーム位を担うことをも容認し、最初の三人のカリフを簒奪者《さんだつしゃ》とはみなさない立場の人々も含むなど、分派間の見解の相違は決して小さくない。

偉大な神秘家にして理想のファターとしてのアリー

次に取り上げたいのが、スーフィズム、そしてそれとも深く関係するフトゥーワの道における位置づけである。スーフィズムは、少数の修行者たちによる神秘主義的な信仰と実践の体系として十世紀以降に確立されたが、徐々に大衆化が進み、さまざまなスーフィー教団▲が成立するようになる十三世紀頃には大きな影響力をもつ社会的な存在となっていた。スーフィー教団には、神との合一をめざし専業的に修行に励む人々だけでなく、創始者やその後継者たちなどの「聖なる人々」の功徳に与《あずか》ろうと、また各種の儀礼や勤行《ごんぎょう》などに参加することでより良い信仰者であろうと、幅広い人々が関係するようになったからであ

石碑に記されたスィルスィラ（中国甘粛省）

右図の点線部分拡大図。縦の矢印の方向が師弟関係の流れをあらわしている。①がムハンマド、②がアリー

る。こうしたスーフィズムの広がりと変質のなかで前面に出てきたのがアリーである。

スーフィズムにおけるアリーの重要な位置づけを端的に示すのが、その正統性を示す必要に迫られた教団が、自らの信仰や実践の起源をムハンマドに遡《さかのぼ》らせようとして主張するようになったスィルスィラ（師弟関係の鎖）である。スンナ派・シーア派を問わず、多くの教団のスィルスィラにおいて、ムハンマドから教えを受け、それを後世に伝えたとされるのはアリーである。つまり、多くのスーフィー教団はアリーの弟子筋を名乗っていることになる。当然ながら、アリーは、神や世界に関する内面的・直観的な知識を湛《たた》え、それを正確に教え伝えた偉大な神秘家として表現される。

ここで、なぜほかの教友ではなくアリーが出てきたのかを説明することは難しい。だがムハンマドとのとくに近しい関係、試練に満ちた一生、無私の人として表象される人物像（詳しくは次章）が、神のくだす試練の甘受や清貧と利他の実践を尊ぶスーフィーの考え方に適合していたということはできよう。それに加え、アリーに常人離れした霊的境地を認めるシーア派の言説が影響してい

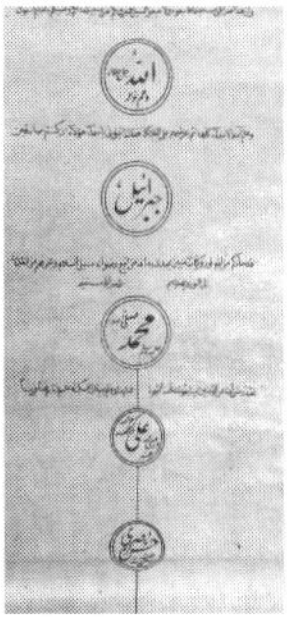

縦長の紙に記されたスィルスィラの冒頭部（円内上から神、大天使ガブリエル、ムハンマド、アリー。トルコ）

ることもまちがいない。スィルスィラの多くが、アリーのあとも、シーア派がアリー以後のイマームたちと考える彼の子孫の系統にしばらくとどまる内容となっているのはそのことを示していよう。一方は第四代正統カリフとするのに対し他方は初代イマームと、位置づけはそれぞれで異なるとはいえ、アリーはスンナ派・シーア派両派の特別な敬意を受ける存在である。このことは彼をめぐる言説の両派間での双方向的なやりとりに道を開いたが、スーフィーたちのスィルスィラにはその早期の一例をみることができるのである。スンナ派にとってアリーはあくまで序列第四位の教友であるが、理想化や伝説化の広がりや度合いに関しては、おそらく群を抜いて第一位である。スーフィズム、そして次に述べるフトゥーワの道におけるアリーの位置づけは、このような現状をもたらした重要な要因であると考えられるが、そこにはシーア派の影響が読み取れるということになる。

さて、そのフトゥーワ（原義は「ファター（若者）らしさ」）の道であるが、こちらは、仲間への愛、他者への思いやり、誠実、寛容、気前の良さ、自己犠牲、そして、そうしたことを実現するための勇気や知恵といった徳目《とくもく》からなる道徳の体系と、まずはいうことができる。この道徳体系はさまざまな性格の集団や個人に奉じられ、それに応じて多様な色彩をみせてきた。一方では「やくざ」▲と呼ぶのが適当なような諸集団によって、「侠気《おとこぎ》」とでも訳すべきニュアンスで用いられてきた。また他方では、現世への執着にほかならない私利私欲を否定するその態度が強調され、スーフィズムの教えにも取り入れられた。そして、スーフィズムの大衆化にともない、その色彩を帯びた道徳の体系として、宗派を問わず幅広い層のムスリムに受け入れられることになった。とくに十二世紀以降、フトゥーワを奉じる組織が、本式のスーフィー教団と比べれば敷居の低い、ソフトなスーフィー教団とでもいえるものとして広がりをみせたことは社会的に重要である。相互扶助と誠実を尊重するフトゥーワ組織は、同職組合▲の成立・発展にあたりその前提となるなど、直接間接に社会のあり方と人々の心性にインパクトを与えていったのである。

　アリーは、このようなフトゥーワの理念を一身に体現する人物とされる。「アリーの生涯」の章で述べた内容からだけでも、彼が自らの危険をかえりみず、ムハンマドとその教えに尽くす姿勢をたびたびみせたとされること、数々

▼「やくざ」　ここではさまざまな時代・地域に存在し、それぞれアイヤール、ルーティーなどと呼ばれた集団を想定している。

▼同職組合　スィンフ、ターイファ、アスナーフ（エスナフ）などと呼ばれ、十六世紀以降に各地での存在が確認される。

の不遇や試練にもかかわらず共同体のために勇敢に戦い、一身を捧げたととれることなど、アリーがフトゥーワの代名詞とされた要因を指摘することができる。それに加え、フトゥーワの権化とされた要因ととるか結果ととるかは微妙なところであるが、フトゥーワの理想を軽々と実践するアリーの姿を伝えるお話は、それこそ山ほど存在する（次章でふれる）。他人の罪や恥をおおいかくすことに意を用い、細やかな配慮でそれを実現することができる勇猛無比の戦士。有利・不利の計算よりも正しさを優先する最高指揮官。国庫の運営に巨大な裁量権をもっていながら質素な暮らしに徹し、貧しい者たちを助ける最高権力者。シニカルなものの見方をする私などには往々にして馬鹿正直にさえみえるこうしたアリー像は、フトゥーワという理念と結びつき、宗派をこえた彼の理想化に大きく貢献した。

神になったアリー

ここまでで、現在の世界に暮らすムスリムの大多数が関係するようなアリーの位置づけについて、語るべきことは語ることができた。しかしながら、あと二つ、現在のイスラーム教の姿からいえば周縁的なこととなるが、ぜひともふれておきたいことがある。それら自体が興味深いだけでなく、それらにふれることがここまで述べてきたことの理解を深める助けにもなるものである。その一つめは、アリーをこの世における神の顕《あらわ》れととらえる立場の存在である。ここでは、そうした教義をもつグループの例として、シリアやトルコ南東部などに分布するアラウィー派を取り上げたい。シリア内戦に関する報道などで、アサド政権▲の中枢部を占めるのがこの少数派に属す人々であるという解説をご覧になったことがあるかもしれない。なお、「(真に)アリーを奉じる人」を意味する「アラウィー」という同派の名前は、歴史的に用いられてきたヌサイリー派という呼び名が異端のイメージと強く結びついてしまっていたことから、同派の人々の主導で二十世紀に用いられるようになったものである。

　アラウィー派にとってのアリーは、神が地上に顕れるにさいしてとったかたちのうち最重要のものである。人類は、天上で神に抗った罰として地上に落とされ、輪廻転生を繰り返しながらこの物質世界での生活を余儀なくされている。しかし、地上に顕れた神のことを、神にともなってあらわれる「門」の働きに

▼アサド政権　バアス党所属の軍人出身であったハーフィズ・アサド(一九三〇〜二〇〇〇)は一九七一年から死去まで大統領を務めた。現在は息子バッシャール・アサドが大統領を務める。なお、シリアでは二〇一一年以来の内戦が継続している。

よって認識することができた者は、地上の生活から解放され、至福にいたることができるとされる。ただし、神は「帳《とばり》」ないし「名前」によっておおいかくされており、その認識は困難である。神がアリーとして顕れたさいのことについていえば、ほかならぬムハンマドこそが彼の神としての「本質」をおおいかくす「名前▲」であったとされる。

アラウィー派はシーア派（ここでは「十二イマーム派がそのなかから成立していくことになるシーア派の一派」程度の意）の流れのなかから生じてきたグループである。創始者とされるイブン・ヌサイル▲は、九世紀半ば頃のイラクに生きた、シーア派の第十代イマームに従っていた人物であった。シーア派諸派の歴史のなかからは、アリーやイマームたちに神をみるグループがたびたび生じ、それらはまとめて極端派（グラート▲）と呼ばれるが、アラウィー派もその一つに数えられる。先にみたようにシーア派は、イマームを無謬性を帯びた常人ならざる存在と考えるが、極端派という呼び名は、そうしたシーア派の立場からアリーやイマームたちに神をみるグループを極端と表現したものであり、ある意味両者が地続きの存在であることを示す。

▼「本質」と「名前」　ここで「本質」をあらわすのに使われるアラビア語単語は「意味」をあらわす単語と同一の「マアナー」である。「意味」をおおう「帳」に比すことができる「名前」のここでの働きは、このことに照らすと理解しやすい。

▼イブン・ヌサイル　ヌサイル派というアラウィー派の別名はこの人物に由来する。同派の創始者とされるが、その実際の役割には不明な部分が多い。

▼極端派（グラート）　八世紀頃までのクーファを中心に出現した諸派の総称。イマームの神格化のほか、イマームのお隠れと再臨、無謬性、輪廻思想などの教義を生んだ。そうした教義の一部は、換骨奪胎《かんこつだったい》をへて十二イマーム派などにも取り入れられている。

アリーを神ないしその顕れとみる教義をもつグループとしては、アラウィー派のほかにも、アナトリアやバルカン半島南部に分布するアレヴィーや、イラン西部とイラク北部のクルド人地帯などに居住するアフレ・ハックが知られる。これらのグループの教義にも、アラウィー派の場合と同じように、シーア派とあい通じる信仰を見出すことができる。同時に、アラウィー派の場合においても例えば輪廻転生の思想がそれにあたるように、イスラーム教の外、それ以前からのさまざまな信仰に由来すると考えるのが自然な要素も見出される。それゆえ、こうしたグループがイスラーム教の枠内にはいるのか、イスラーム教とは別の独立した宗教に数えられるべきなのか、見解は論じる者の立場に応じてさまざまである(はいるとすれば広義のシーア派の分派ということになる)。しかし、ここでわれわれにとって大事なのは、アリーは神にさえなったというそのことであろう。ここまでに名前が出た教友たちのあいだで神とみなされるまでになったのは、私の知るかぎりアリーのみである。アリーの実際のキャリアは決して華々しいものではなかったが、この点で彼は、まちがいなく例外的な「成功」をおさめている。

▼アレヴィー　一説ではトルコの人口の二〇%を占めるともいわれる。「アレヴィー」という名前はアラビア語の「アラウィー」と同じ単語のトルコ語発音であり、こちらも比較的新しい名前。

▼アフレ・ハック　「真理を奉じる人々」の意味。多くの分派があり、統一的な教義体系の存在は想定されない。

否定と懐疑の対象としてのアリー

章を閉じる前にふれておきたいことの二つめは、アリーに対する否定的・懐疑的な位置づけの存在である。肯定的な位置づけだけでなく、そうした見方も存在してきたことにぜひふれておきたい。まず、第一次内乱でアリーと戦った者たちとその後継者たちのアリー評価として、彼と敵対した三つの勢力のうち、その主張が多かれ少なかれ後世にインパクトを与え、それゆえ具体的に明らかになっているウマイヤ朝勢力とハワーリジュ派の場合をみてみよう。

ムアーウィヤが建てたウマイヤ朝の立場は、アリーは徹頭徹尾、悪であったとするものであった。彼は預言者の時代から我欲のみにもとづいて行動していたのであり、彼を信仰正しい義の人だと考えた人々は、アリーにまんまと騙《だま》されていたのだと考える。ウスマーン殺害はカリフ位をねらったアリーがなんの非もないウスマーンにしかけた陰謀であり、ウスマーン死後のムスリム共同体が危機に陥ったのは、根本的にはアリーのカリフ位僭称《せんしょう》のせいであったということになる。しかし、ウスマーンが掲げた正義の旗を引き継いだムアーウィヤのおかげで共同体はふたたびあるべき姿に戻った。そして、ムアーウィヤの衣鉢を継いだウマイヤ朝のカリフたちのもと、共同体は救済に向かっているということになる。ウマイヤ朝のこの立場は、シーア派がムアーウィヤを私利私欲に駆られて正しい指導者に反抗した恥ずべき人物とするのと鏡あわせになっている。

ハワーリジュ派はどうであろうか。同派は、アブー・バクルとウマルの時代を正しいカリフがおさめた良い時代と認め、アリーも彼ら二人に心から服していたと考える。しかし、スンナ派との一致はここまでである。彼らは、ウスマーンはイスラーム教の理念にもとる統治によりカリフとしての資格を失い、さらに悔い改めを拒否したことによりその排除(殺害)が共同体の義務となったと考える。そしてアリーは、ウスマーン殺害に主導的な役割をはたし、共同体を正しく導いた人物として描かれる。彼のカリフ位即位は正しく、ウスマーン殺害を是認しなかったズバイル、タルハ、アーイシャ、そしてムアーウィヤは過ちを犯したことになる。

しかし、アリーに対する肯定的な評価はここで終わる。アリーは、スィッフイーンでムアーウィヤ側による話し合いの提案を受け入れたことにより、神の命令よりも人の判断を優先してしまったとされるのである。しかもハワーリジュ派は、アリーの交渉受け入れの動機は私欲であり、彼はシリアをムアーウィヤに渡すかわりに自分はイラクを確保することを望んでいたとする。こうして、一団の人々はアリーの陣営を離れ、進むべき道を模索すべくナフラワーンに集まり静かに野営する（ハワーリジュ派自身の語りには、意見を違《たが》える人々を殺害したというような話は出ない）。そこをアリーが襲撃し、残忍にもなで切りにしてしまうのである。いうまでもなく、アリーは強い否定的評価の対象となる。今日、ハワーリジュ派の流れを汲む宗派としては、オマーンと北アフリカに分布するイバード派▲が知られる。同派は、自派以外を強く否認する傾向をもったハワーリジュ派との対比から穏健と評価されることが多いが、アリーへの評価それ自体についていえばハワーリジュ派の見方を受け継いでいる。

九～十世紀頃にスンナ派がその輪郭を明確にしていく過程でそこに合流していくことになった「ウスマーン派」と呼ばれる立場の人々のことにもふれておきたい。この立場は、スンナとそれを伝える伝承群を重要視する伝承主義者▲と

▼イバード派　リビア西部、アルジェリア南部、オマーンに分布し、オマーンでは社会的多数派の位置を占める。

▼伝承主義者　共同体内の地域的慣習への依拠や人間理性にもとづく教義解釈などに反対し、ムハンマドとその時代に遡るスンナの重視と神の啓示の字面《じづら》どおりの解釈などを主張した一派。代表的な人物にイブン・ハンバル（七八〇～八五五）がいる。

▼**ムウタズィラ派**　九世紀初頭から十世紀初頭にかけて力をもった神学派。人間理性を用いた啓示と教義の解釈をおこなった。人間に広範な自由意志を認め、宿命論を否定した。

▼**審問**(ミフナ)　カリフに教義決定権があると主張するアッバース朝第七代カリフ、マアムーン(在位八一三～八三三)が八三三年に開始。ムウタズィラ派のコーラン被造物説を認めない伝承主義者らを審問にかけ、転向を迫った。第十代カリフ、ムタワッキル(在位八四七～八六一)の時代まで続いた。

呼ばれる人々のあいだに広くみられた。この立場をとる人々は、のちのスンナ派の立場と同様に草創期の共同体を理想化し最初のカリフたちを特別視したが、特別視の対象をウスマーンまでとし、アリーを正しいカリフと認めなかった。アリーはその手をムスリムの血で汚したからである。スンナ派の立場が徐々に確立していく過程で、教友、なかんずく最初のカリフたちの理想化が起こったが、アリーを正しいカリフに含め理想化することには当初広い範囲で躊躇がみられたのである。

伝承主義者たちのあいだにみられたウスマーン派的な態度は、しかし、伝承主義者たちが、最初のカリフたちに対する評価という問題とは別の、ある重大な問題に対処するなかで徐々に消えていった。九世紀前半、伝承主義者たちに共通する最大の論敵は理性的推論を多用するムウタズィラ派▲という神学派であった。ムウタズィラ派は時のアッバース朝カリフ政権に食い込んでおり、伝承主義者たちは、政権による審問(ミフナ)▲や転向の強制にまで直面していた。そのようななか、ウスマーン派の伝承主義者たちは、かつてアリーが拠点をおいたクーファなどに存在した、アリーを高く評価する、さらにはアリーをウスマーンよりも優れていたと考える伝承主義者たちとともに、小異を捨てて大同につく道を選んだのである。最初の四人のカリフをその就任順に優れていたとし「正統カリフ」として理想化するというスンナ派の教義が成立した陰《かげ》には、このような展開がかくれていた。このことからは、「ムスリム共同体はムハンマドの後継者の資格をめぐってスンナ派とシーア派に別れた」というよくみられるまとめが、じつは相当に粗っぽいものであることが理解されるであろう。後継者の資格は早くから問題になったが、スンナ派とシーア派、とくにスンナ派のほうが成立したのはそれより何世紀もあとになってからのことである。

教義が生みだす歴史認識の相違

本章でみたようなあい異なる位置づけが、互いに矛盾する歴史認識を生むことを確認して章を終えたい。いうまでもなく、本章でふれたような位置づけは基本的に後づけのものである。そして私たちはすでに、そのようなあとからの位置づけの違いが、アリーと彼にかかわったほかの人々がさまざまな局面でなにを考えいかに行動したのかについてのあい入れない理解につながっている様子をみた。一方の見方では教友たちのあいだでももっとも徳の高い人々であったとされる最初の三人のカリフが、他方の見方では邪悪な簒奪者とされてしまうという極端な人物像の乖離《かいり》はその一例である。

こうした歴史認識の問題は、さらに、個々の歴史的事実の存否や内容それ自体に関する理解にも及ぶ。先に、ムハンマドによるアリーへの後継者指名とシーア派が考えるできごとについて、スンナ派がその存在自体を否定するケースがあることにふれたが、ことはそれに限らない。ここでは、ムハンマド死後のアブー・バクルとファーティマ・アリー夫妻との関係についての両派の語りを、シーア派、スンナ派の順にみてみよう。

シーア派の語り：カリフ就任後のアブー・バクルはファーティマの権利を侵害する。彼は、生前ムハンマドが彼のみに語ったとする（すなわちほかに誰も知らなかった）原則に従うと称し、ムハンマドの遺産は後継の共同体指導者たる自分が管理し、ムハンマドの遺族にはそこから生活の資を渡すとした。また、ファーティマが生前の父からもらい受けていたファダクというオアシスの所有権も、証拠に難癖をつけて認めなかった。それに対しファーティマは、公共の場

蹴り開けられた扉がファーティマの流産を招くシーンを描いた塗り絵（イラン）

で抗議の演説をおこない、ムハンマドの後継者としてのアリーの地位をアブー・バクルが簒奪したことにも言及した。アリーも当然ながらファーティマと歩調を合わせており、この間、アブー・バクルへの忠誠の誓いをおこなっていない。そうするうちに、アブー・バクル側からはウマルを先頭とする一団がアリーとファーティマの家に差し向けられ、それらの者たちは放火の脅しをかけながらアリーに忠誠の誓いを求める。それだけでなく、無抵抗の一家を相手に実際に乱暴も働いた。ファーティマはそのことからお腹の子を流産して体調を崩し、やがて亡くなってしまう。アブー・バクルやウマルは絶対に葬儀に参加させないでほしいというのが彼女の遺言であった。こうしたできごとにもかかわらず、アリーは共同体の利益を考え、最終的にアブー・バクルに忠誠の誓いをおこなったのである。

スンナ派の語り：アブー・バクルのカリフ就任後、ファーティマは預言者の遺産とファダクのことについてアブー・バクルと談判しに行くが、アブー・バクルの説明に納得する。ファーティマはしかし、ムハンマドが亡くなったことの悲しみから立ち直れずに亡くなってしまう。他方アリーは、アブー・バクルのカリフ選出それ自体に不満はなかったものの、そのさいに自分やハーシム家の人々に相談がなかったことが問題であったことを示すため、何カ月かにわたり忠誠の誓いを先延ばしにしていた。しかし彼も、適切な時期に、先延ばしの理由も説明しながら、公衆の面前で忠誠の誓いをおこなった（いったん共同体の主要な人々多数のあいだで忠誠の誓いが済んでしまえば、残りの人々は反乱でも起こさないかぎりそれに従ったものとみなされる。よってアリーが誓いをおこなうことは、そもそも必須ではなかった）。

二つの語りは、できごとの骨格は共有しているが、細部では相当な乖離をみせる。ファーティマはアブー・バクルの方針に納得したのか、しなかったのか。アリーが何カ月ものあいだ忠誠の誓いをおこなわなかった理由はなんであったのか。二つの語りの両方ないし一方が事実と違うことを伝えているのはまちがいない。また、両方の語りがそれぞれの宗派の教義に沿《そ》う歴史を語っていることも明らかである。シーア派の語りでは、ファーティマ夫妻はカリフ位と財産という広い意味でのムハンマドの遺産をめぐるアブー・バクル一派の非道を訴えるが、預言者の愛娘ファーティマはそのことで（結果としてではあるが）殺されてしまう。さらにこの間、アリーほどの戦士が、自宅を襲われてさえいるのに共同体のために自重し、戦いに訴えない。逆にスンナ派の語りは、カリフ位選出の手続きについてアリーにはひっかかるところがあったとはするものの、登場人物のあいだに広がるのは調和である。

本書の冒頭で歴史研究者としてアリーについて書くことの困難を述べたが、そのさいにいいたかったことの一部がこれである。アリーの事績を伝えるとされる後世の言説は山ほどあるが、それらはしばしば矛盾する。しかも、個々の言説をみると、事実が先にあり、しかるのちにその事実を踏まえた解釈上の立場が成立したのか、逆に解釈上の立場が先にあり、それが事実とされるものを創りだしたのかが理詰めでは確定できないような場合が少なくない。これが草創期のムスリム共同体を論じること、なかでもアリーのような注目の焦点となる人物を論じることを難しくする一因である(その難しさが醍醐味だということもないわけではないが)。

③—素晴らしき人、アリー

伝説となったアリー

第二章からわかるように、今日存続するイスラーム教のさまざまな宗派や思想潮流のうち、アリーに対し否定的な位置づけをするのはイバード派くらいである。おそらくアリーは、教友たちのなかでその人物像の理想化と伝説化がもっとも広く、そして顕著にみられる人物であろう。最後のこの章では、そうした理想化と伝説化をへたあとの、素晴らしき人としてイメージされるアリーの姿をみることにしよう。

ここで問題となるのが、誰が思い描くアリー像を述べるのかを選ばねばならないことである。さまざまな選択肢があるとは思うが、ここではおおむね、（十二イマーム派という意味での）シーア派の世界と、スンナ派のなかでも、先に触れたスーフィズムやフトゥーワの道が人々の心象世界に大きな影響を与え続けているような世界を念頭におくこととした。後者は、近代以降にさかんになっている「ピューリタン的」な傾向をもつ諸潮流（ワッハーブ派▲やサラフィー主

▼ワッハーブ派　十八世紀のアラビア半島に生じたイスラーム改革派。「後世の解釈」を排したコーランとハディースの字義どおりの解釈を主張。「聖なる人々」への崇敬を、後世に生みだされた逸脱（ビドア）として激しく否定する。

▼サラフィー主義　十九世紀以降さかんになった思想潮流。ワッハーブ派などの流れを汲む。後世に付加された逸脱の排除と初期世代(サラフ)の原則や精神への回帰を通じた宗教・社会の純化と活性化を主張。西洋に対して劣勢に立つイスラーム世界の自己改革を唱道する。

義など)とは一線を画《かく》す人々の世界と言い換えることができる。常人とは異なる力や特質によって人と神との仲立ちとなり、人々の願いをかなえることができるような「聖なる人々」の存在を広く認め、「ピューリタン的」な立場からは「土俗」や「異教の残滓《ざんし》」と断じられかねない信仰や実践をも包摂する傾向をもつ世界である。そうした世界は依然として草の根の活力に満ちており、決して死に絶えつつあるわけではないというのが私の見立てである。なお、この選択は、アリーをめぐる言説が宗派の壁をこえる傾向をもつことをも踏まえたものであるが、宗派をこえて通用するとはいえない事柄のなかにもぜひふれたいものがある。そうした場合には断りを入れることとする。またここでは、架空の話としてではなく、歴史として語られてきたことが明白だと思えるような類の話に重点をおきたい。

存在からして特別な人、アリー

アリーは、存在論的な位置づけからして常人とは異なるものとされる。例えば、ムハンマドの存在論的な特別性を示す「ムハンマドの光」にまつわる言説

（あらゆるムスリムが認めるわけではないがシーア派に限られるものでもない）には、アリーの特別性の主張が組み込まれたヴァージョンがある。ムハンマドの光にまつわる言説とは、ムハンマドが、ほかのあらゆる存在に先駆けて光として創造され、その光＝ムハンマドが世界の原型と呼べるような役割をはたしたとするものである。さらにこの言説は、ムハンマドの光はアダム▲に宿り、ムハンマドの父方の先祖のあいだを代々受け継がれたうえで、ムハンマドという人のかたちをとったという筋をとるのが一般的である。これが、アリーに関する主張が組み込まれたヴァージョンでは、光はアブドゥルムッタリブまできたところで二つに分かれ、一方はアブドゥッラーを通じてムハンマドに、もう一方はアブー・ターリブを通じてアリーにいたったということになる。ムハンマドとアリーは、じつは一つの光であると主張されていることになる。

　生まれた場所も特別であったとされる。アリーは、カアバ神殿のなかで生まれたとされるのである。神殿の外で臨月の母ファーティマが祈っていたところ壁に穴が開き神殿内にのみ込まれたともされる。また、往々にして、カアバで生まれたのは後にも先にもアリーだけであるという主張もなされる。イスラー

▼アダム　アラビア語ではアーダム。人類の祖、最初の預言者とされる。

アリー誕生の様子を描いたとされるCG（二十一世紀）　カアバ神殿の壁に穴ができていることに注意。

ム教の教義によれば、カアバは、神の命令によりアブラハム▲が息子イシュマエル▲とともに建てた聖なる神殿である。アリーの誕生当時は多神信仰の広まりにより数々の神像がおかれていたが、のちにムハンマド(とアリー自身)がそれらを撤去し、イスラーム教第一の聖所となる。アリーはそのような重要な意味をもつ場所で生まれた唯一無二の人物であるとされるのである。カアバから出てきた母ファーティマとアリーを迎えたのはムハンマドであった、アリーが目を開けて最初にみた人の顔はムハンマドのそれであったなど、誕生の経緯についてさらに細かく語る伝承もある。

　さらにアリーは、ムハンマドに育てられたことにより、ムスリムになる以前も含め、生涯に一度も偶像を拝んだことがないという希有《けう》な美質を得たとされる。スンナ派ムスリムのうちには、アリーの名に言及したあと、「神よ彼の顔を貴きものとしたまえ」という、アリー一人に対してしか用いられない祈願句を添える者がいるが、それはアリーのこの美質を記念してのことであるとされる▲。アブー・バクルにせよウマルにせよウスマーンにせよ、そのほかの最有力な教友たちにせよ、生涯一度も神像を拝んだことがないというのは常識的に考

▼アブラハム　アラビア語ではイブラーヒーム。彼が奉じていた純粋一神教をイスラーム教が再興したとされる。

▼イシュマエル　アラビア語ではイスマーイール。イスマーイールはカアバ建立後もアラビア半島に残り、アラブの祖となったとされる。

▼人名のあとの祈願句　使い手が当該の人物をどう位置づけているかを示す働きももつ。アリーに対して使われるものとしては、シーア派ではより格が高い「彼に平安あれ」が普通であり、スンナ派の場合も教友一般に対して用いられる「神よ彼を嘉したまえ」のほうがより一般的。

えてありえない。アリーについては、そのありえなさそうなことが主張されていることになる。

戦場の獅子、アリー

アリーの事績の理想化はさまざまなかたちでおこなわれており、彼をどのような人物として心にいだくかは人それぞれであろうが、勇猛な戦士としてのアリー像から話を始めることには大半の賛意が得られるであろう。その猛々《たけだけ》しいイメージに応じるように、アリーはしばしば「神のライオン（アサドゥッラー）」という別称で呼ばれる。アリーが生まれたさいに母親がつけた名前はアラビア語でライオンを意味する名前の一つであるハイダルであったが、それをムハンマドが「崇高なる者」という意味のアリーにつけかえさせたという言い伝えもある（ハイダルは今もアリーの別称として使われる）。アリーに帰されるライオンのイメージは、アリーの名前と関連する文言をライオンのかたちになるようにデザインして書いたアラビア文字の書道作品の広範な存在などに見て取ることができよう。アリーの姿を描いた宗教画でも、彼の足下にはしばしばライオン

ライオンとともに描かれたアリー（アラウィー派の聖所にて。トルコ東南部）

●—アリーへの賛辞をライオンのかたちに仕立てた書道作品

①**マフムーダーバード**(インド、ウッタル・プラディーシュ州)**にて撮影**

②**デリーにて撮影**

③**トルコの切り絵**(十九世紀後半)

④**中部ジャワのガラス絵**(二十世紀前半)

威風堂々たるアリーの騎行（十五世紀後半）

扉を楯がわりにするアリー（十六世紀中葉）

が横たわっているさまが描きこまれる。

逞《たくま》しく力強い戦士としてのアリーの姿を伝える話はそれこそ枚挙に暇《いとま》がない。ここではその一例として、先にもふれたハイバル遠征での彼の戦いっぷりについて語られることをみてみよう。話は、ムハンマドの奇蹟により眼病も癒え、預言者から受け取った旗を掲げて砦に攻めかかるアリーに、ハイバルのユダヤ教徒たちがたのむ歴戦の勇士マルハブ・イブン・ハーリスが戦いをいどむところから始まる。「我こそマルハブなり」と名乗りをあげるマルハブに、アリーも「我こそライオンなり」と返し（マルハブはライオンを名乗る者に殺されると彼の母が予言していたという）一騎打ちが始まるが、戦いはあっけなく終わってしまう。なんとアリーは、振り下ろした剣の最初の一撃で、楯も兜ももろともに、マルハブの頭をスパッと二つに割ってしまうのである。それだけではない。続けて勇戦するアリーは楯を取り落としてしまうが、彼だからこそできた方法で窮地をしのぐ。砦の門から鉄製の扉を引き剝がし、それを楯のかわりに使ったというのである。さらに加えて、彼は味方が空堀《からぼり》を渡るのを助けるため、空堀のなかでその扉を頭上に捧げもち、橋のかわりにしたともいう（シーア派の伝承

竜を退治するアリー（十六世紀末）

には、そのさい、嫉妬したウマルらの教友たちが、わざと橋をすぐに渡らずアリーに意地悪をしたというものもある）。

このようなアリーの人並みはずれた力は、一方では体育会系的なアリー像をつくり出すものであるが、同時に神が彼に与えたものであると説明される。シーア派のある文献に引かれる言葉のなかで、アリーはハイバルの扉の件にふれ、自分の超人的な働きは肉体の力によって可能となったのではなく、神に由来する力と神の光に輝く魂があったればこそ成しとげられたものであったと述べている。砦の扉を引き剝がしたと聞くとなにか児戯的な力自慢のお話と対しているような気になるかもしれないが、この話の背景には、常人離れした偉業のかげに神の御業《みわざ》をみるという、少なくともかつては支配的であったに違いない心性がかくれているのである。

人並みはずれた力をもつ勇士としてのアリー像は、各地に伝わる伝説的な言い伝えのなかで、さらに途方もないものとなる。アリーによる竜の退治という主題は、各地の説話に広くみられるものである。また、アリーが山を割って開いたとされる谷が各地にあることも知られている。例えば、十九世紀末にチュ

▼**『王書』**　フィルダウスィー(九三四〜一〇二五)による長大な叙事詩。サーサーン朝時代までのイランの王や英雄の伝説や歴史を描く。

▼**ロスタム**　『王書』中の代表的な英雄。しばしば獅子にたとえられ、勇気や機智においても並びなき者として描かれる。

▼**『ザ・メッセージ』**　ムスタファ・アッカド監督作品(一九七六年)。宗教感情への配慮から、ムハンマドや「正統カリフ」を含む主要な教友、ムハンマドの家族の多くを画面にまったく登場させずにムハンマドの一代記を描いた。

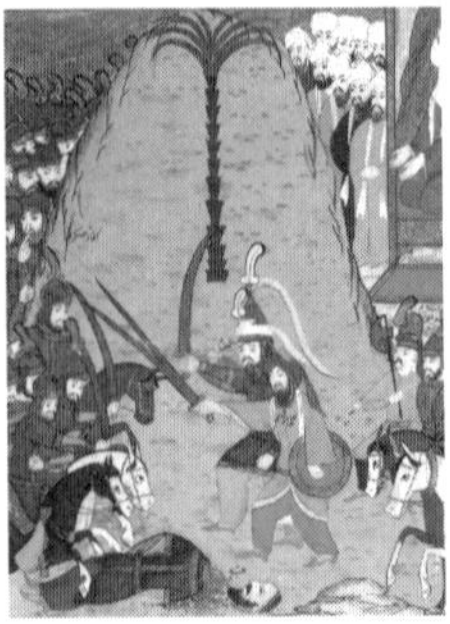

ズルフィカールをふるうアリー(十六世紀末)　本書のほかの図版でもズルフィカール探しをぜひ。

ニジア北部を訪れたドイツのある動物学者は、「我らが主《あるじ》アリーさまの一撃」と呼ばれる谷で、この谷は不信仰者の軍に包囲されたアリーが活路を開くために剣の一撃で開いたものだと説明されたという。英雄的な人物が山を切って谷を開くという話はイスラーム化以前から北アフリカで(も)広く伝えられてきたという。それにイスラーム教的な衣が着せられる時、主役としてあらわれるのは、史実では北アフリカに行ったことがないはずのアリーなのである。ペルシア語圏にみられる空想的な英雄譚《たん》のなかでのアリーの姿は、フィルダウスィーによる英雄叙事詩『王書』▲に登場する勇士ロスタム▲をしばしば彷彿とさせるが、これも、人々が世代をこえて受け継ぐ英雄のイメージがイスラーム化するとき、そこに出てくるのがアリーであったことの傍証といえよう。

アリーが剣をふるったと聞く時、それを聞く者は、自ずとある特定の剣を思い浮かべる。ズルフィカール(ズルファカール)である。二股に分かれた剣先をもつとされるこの剣は、アリーの分身となっているとさえいえる。読者のなかにはムハンマドの事績を描いた長編映画『ザ・メッセージ』▲をご覧になった方がいらっしゃるだろうか。この映画でバドルの戦い冒頭の三対三の個人戦が描かれるさい、宗教感情への配慮から、ほかの五人と違いアリーはいっさい画面に映らない。映るのは二股に分かれたズルフィカールの切っ先だけである。映画をみる者には、ズルフィカール即アリーと理解する教養が期待されているのである。

ズルフィカールは、（『ザ・メッセージ』とは矛盾するが）バドルの戦いでそれを戦利品として得たムハンマドがアリーに与えたもので、ウフドの戦いで味方が敗走するなかムハンマドを守って奮戦したアリーがふるったのはこの剣であったとされる。そして、ズルフィカールをふるって戦うウフドでのアリーの姿は、「アリーのほかにファターなし／ズルフィカールのほかに剣なし」（ラー・ファター・イッラー・アリー／ラー・サイファ・イッラー・ズルフィカール）という言葉を生むことになった。ファターは元来若者を意味するが、この場合は（同時に）フトゥーワを体現する者という意味で理解される。この言葉は、アリーの戦いっぷりに感嘆したムハンマドあるいは大天使ガブリエル▲が発したものとも、天から響き渡ったものとも伝えられる。フトゥーワを奉じる人々のみならず、アリーを讃える文脈で広く用いられる言い回しとなっている。

「アリーのほかにファターなし／ズルフィカールのほかに剣なし」と書かれた額（マフムーダーバード）

▼大天使ガブリエル　アラビア語ではジブリール、ジャブラーイール。最初の啓示を含め、ムハンマドに神の啓示を伝えたのみならず、さまざまな場面でムハンマドに助言を与えたとされる。六〇頁右の図版で、右に立つムハンマドにアリーの雄姿を示しているのもガブリエル。

ズルフィカールもさまざまなかたちでの意義づけや神話化の対象となった。そもそもこの剣は、アリーのものとなるべく定められて天から地上にくだされたものであるとさえ主張される。また、二つの切っ先が邪視▲を妨げるものと解釈され、広くお守りに描かれるようになったことも知られる。ズルフィカールの絵柄はまた、オスマン帝国のものをはじめ、さまざまなムスリム王朝の軍旗にも用いられてきた。

正しき戦士、アリー

剛勇無比なさまを語るだけでは戦士としてのアリーを語り切ったことにはならない。おそらくそれ以上に大事なのが、戦場においてまで発揮される、彼の（じれったいまでの）正しさである。まず有名な話を二つ紹介しよう。

一つめは、六二七年、メッカ方がメディナに押し寄せて起こったハンダク（空堀、塹壕《ざんごう》）の戦い▲のさいの話である。この戦いは、空堀で防衛線を築いたメディナ方をメッカ方が攻めあぐね、派手な戦闘にはいたらないままに終結したが、アリーには見せ場となる戦いの機会があったとされる。敵方の名だたる戦

▼邪視　妬《ねた》みなどがこもった邪《よこしま》な視線を指す。中東イスラーム圏ではそうした視線が実際に災いをもたらすという信仰が広くみられる。

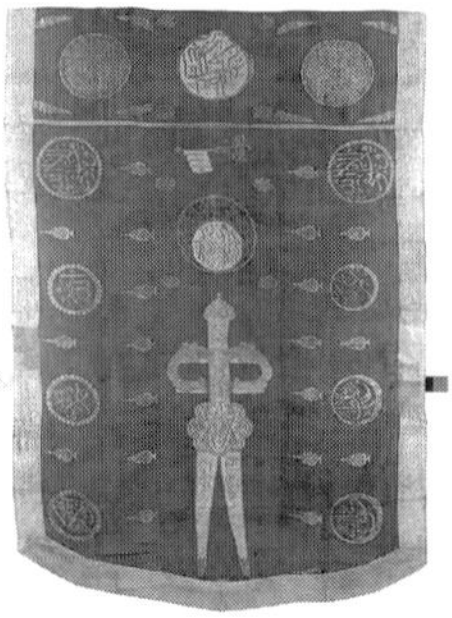

ズルフィカールが描かれたオスマン帝国の軍旗（十九世紀前半）

▼ハンダクの戦い　大軍で押し寄せたメッカ方はメディナを攻めあぐねるうちに瓦解した。この戦いをへてメディナ方の優勢が明白になる。

アムル・イブン・アブドウッドと戦うアリー（アラブ圏、二十世紀）

士アムル・イブン・アブドウッドが馬で空堀を飛び越え、メディナ方の戦士との一騎打ちを求めてきたのである。ある伝承では、ムハンマドが見守るなか、イブン・アブドウッドと戦ったアリーは、見事この戦士を打ち倒したあと、とどめを刺すのをしばし躊躇したようにみえたという。ムハンマドに理由を問われたアリーは、戦いのさなかにイブン・アブドウッドが顔に唾を吐きかけ、母を誹謗《ひぼう》したので、自分は頭に血が上っていたと答える。イブン・アブドウッドの命をとることが自分の感情とは関係ない神への純粋な奉仕になるよう、怒りがおさまるのを待ったというのである。アリーとイブン・アブドウッドとの戦いについてムハンマドは、唯一神への信仰の権化と多神信仰の権化との戦いと評したとも伝えられている。勇猛無比なアリーの戦いっぷりは、純粋に神への信仰のまことから出たものでなければならないし、そのようなものであったと表現されるのである。

アリーとアムル・イブン・アースがスィッフィーンで遭遇したさいのことを伝えるとされる話も有名である。アムルは、自分自身がアリーと一騎打ちになるような事態を恐れ巧妙に避けていたとされるが、期せずして戦場であいまみ

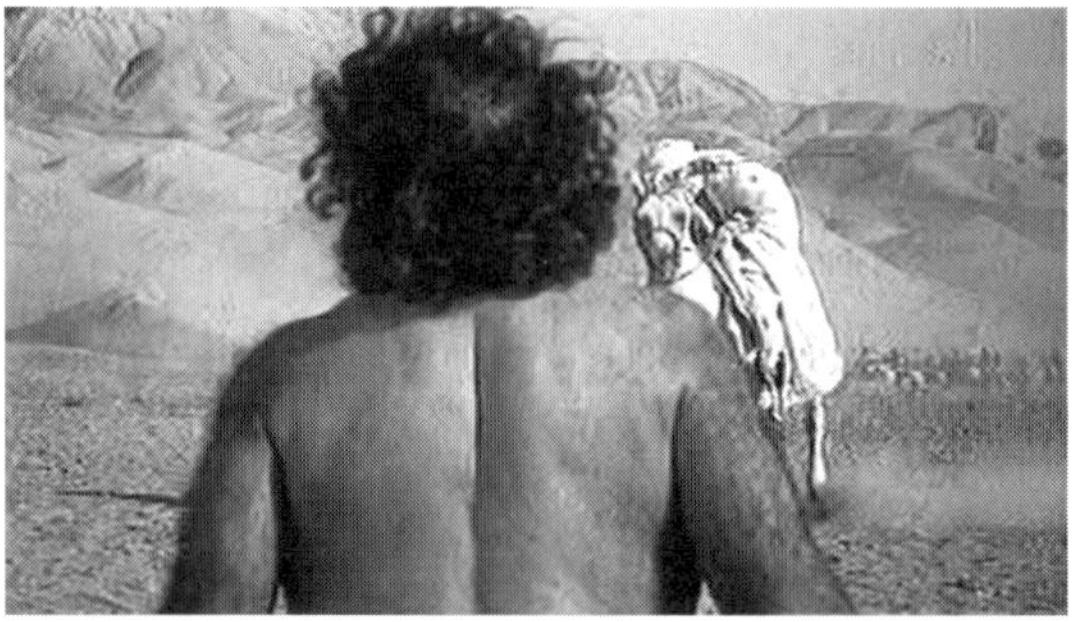

イランのテレビドラマ『イマーム・アリー』(一九九六〜九七年)**で描かれたアムル完全脱衣のシーン**(アリーはこのシーン以外では画面に出ない)

えることになる。アムルはアリーの敵ではない。すぐに絶体絶命の状況に陥る。しかし、そこはムアーウィヤの参謀役としての役回りをもつアムル、身を守る術《すべ》を知っていた。彼は武器をほうり投げただけでなく、なんと下半身をさらけ出しアリーに向き合ったとされる。それには二つの意味で効果があった。剝き出しにされた他人の下半身を正視することは宗教的な規定からしても廉恥心《れんちしん》からしても、アリーにはとてもできることではなかった。またアリーにとって、武器を手放しているだけでなく、無防備な格好で下半身をさらけ出している敵を一方的に攻撃することは、戦士としての誇りにもとる行為だったのである(下半身をさらけ出すという行為が降参を示す慣習的な行為であったという解釈もある)。アリーはアムルから目をそらし、そのまま立ち去ったと伝えられている。なおこの話は、スンナ派の教義に照らすならば、教友であるアムルを誹謗するものであり嘘であるということになる。スンナ派を自認する人でも受け入れる人がいないわけではないようにも見受けられるが、付記しておきたい。

　私がアリー陣営の一員であったなら、心が鎮まるまでとどめを待ったアリーにはまだ喝采を送ったかもしれないが、これ幸いとアムルを一刀両断にしなかったアリーには驚き呆《あき》れたことだろう。しかし、結局はそうしたアリーを許してしまい、それと知りつつ艱難辛苦《かんなんしんく》の道をともにしたかもしれない。戦えば無比の力をもつ人物の、人にこう思わせてしまうこの正しさ、これはまちがいなく語りのなかのアリーがもつ人気の大きな秘密である。アリーは戦い続きの生涯をおくったが、決して自分から戦いをしかけたことはなかったとされる。また彼は、背を向けて逃げる敵を追うこともしなかったという。スィッフィーンの戦いのさいに、どうしても計略を用いようとしないアリーに不平を述べたおじのアッバースは、「私は敵のように自分の信仰を現世のために打ち捨てはしない」という返事を聞かされたと伝えられる。実際、スィッフィーンの戦いの序盤において、アリー方はムアーウィヤ方に水へのアクセスを断たれ、おおいに苦しんだが、戦況が好転して仕返しができる状況になったあとも、アリーは決して敵方の水の手を断たせなかったという。

戦場でのアリーに帰されるこうした正しいおこないが(アリーのほかのさまざまな行為と同様に)スーフィズムやフトゥーワの道などの文脈でさまざまに解釈され、意義づけられ、脚色を加えられてきたことはいうまでもない。例えば十三世紀のスーフィーであるルーミー▲は、「ペルシア語のコーラン」とも「神秘主義の百科事典」とも呼ばれる長大な韻文作品『精神的マスナヴィー▲』で、ハンダクの戦いでのできごとを題材に三〇〇にも及ぶ対句《ついく》を詠んでいる。ルーミーの語るアリーは、唾を吐きかけられると剣を投げ捨てて戦いをやめてしまう。そして、いぶかる相手の問いに、ほんの一瞬たりとも神以外の存在（肯《がえん》ぜない自我が生じさせた怒り）に心を明け渡してしまったからだと答えるアリーは、神秘主義思想のエッセンスとでも呼ぶべきものを開陳するのである。いかに神だけがすべてであるか、神がすべての世界での自分や人の場所と役割とはなにか、アリーは説く。「我は太陽たる我が主の影／我は（神の御座所《ござしょ》に伺候する者たちを導く）侍従なり、（彼らを妨げる）帳にあらず」（侍従＝ハージブと帳＝ヒジャーブが同じ語根《ごこん》▲から派生したアラビア語単語であることを使った言葉遊び）、「汝《なんじ》は我にして我は汝、おお偉大なる者よ／アリーである汝をどうしてアリーが殺そうか」と述べるアリーに、ややお決まりの感はあるが、敵方の戦士（ここではゾロアスター教徒ということになっている）は一族の者たちとともにイスラーム教に入信したとされる。

▼**ルーミー**（一二〇七～七三）　北アフガニスタンのバルフ生まれ。中部アナトリアのコンヤに定着し、神秘主義の実践と執筆活動をおこなう。メヴレヴィー教団の名祖（教団名はモウラーナーという彼の称号に由来）。

▼**『精神的マスナヴィー』**　ルーミーが著した長大な韻文作品。象徴的な物語や逸話、コーランの注釈など、さまざまな形式の章を連ねて神秘主義的世界観を描き出す。

▼**語根**　両単語にみられる三つの子音ḥ-j-bをそれぞれの語根という。アラビア語の単語は、大まかな意味領域をもつ語根にさまざまな母音や補助子音が付されることで細かな意味を与えられる。ḥ-j-bが示す大まかな意味領域は「覆《おお》う、妨げる」。

清く正しい統治者、アリー

カリフとして共同体を統治するアリーの振る舞いについて強調されるのは、極端なまでに公私の別をつけることを通じて示されるその清廉潔白さと、強きを挫《くじ》き弱きを助けることで示されるその公正さである。

清廉潔白な人物像を描くお話としては、まず、カリフに即位してすぐのアリーのもとを、まだ彼に反旗を翻す前のタルハとズバイルが訪れたさいのこととされる次のものがある。二人から相談ごとがあるといわれたアリーは、それがカリフとしての自分に対する公的な内容のものであるか、個人としての自分に対する私的なものであるかを確かめたとされる。そして、私事に関する相談ごとであることを確認したアリーは、部屋を照らしていた灯を消し、別の灯に火をつけたというのである。いぶかるタルハとズバイルにアリーは説明して述べたという。最初の灯は国庫のものだったのでカリフとしての業務にしか使えない。なのでこちらの私物に交換したのだ、と。

借金をかかえ生活に困った兄アキール（盲目であった）が借金返済への援助と

▼国庫からの給養　アター（与えられる物の意）と呼ばれる現金給とリズク（糧の意）と呼ばれる現物給とからなった。

国庫からの給養▲の引き上げを求めてクーファの政庁を訪ねてきたさいのこととされる逸話は、アリーの清廉潔白さが直接神への信仰と結びつくものととらえられていることを示す。カリフとなった弟がどうにかしてくれるのではないかと期待していたアキールは、突然の灼《や》けるような熱さに思わず声をあげる。アリーが赤く燃える鉄塊をかざしてきたのである。叫び声をあげるアキールに対し、アリーは、兄さんはこの程度の熱に耐えることさえできないのに、僕を地獄の業火に引きずり込むつもりかといったという。なお、アキールはその後、なんとムアーウィヤのもとに赴き、そこで望みをかなえられたとされる。

　アリーによる公私の峻別に関するこうした話を頭に浮かべるたびに私が思い出すのが、もう二〇年近く前、日本の大学で研究に励むイラン人農学者と話をしていた時のことである。その人は、当時彼が日本で所属していた研究室の主任教授の立派さを示す一つの例として、「先生は研究室の電話を私用では決して使わない。わざわざ研究室を出て、階下の公衆電話まで行って電話する。まるでアリーをみているかのようだ」と語った。出身からいって一応シーア派に属すだろうと思ってはいたがとくに信心を感じることがなかった彼のこの発言は、とても面白く思われた。アリーに対する敬慕が、宗教熱心であるかどうかやイラン革命以後のイランの宗教的政治体制への支持・不支持とは別次元のものであることを示していると感じたからである。

公私の峻別と並んで統治者としてのアリーについて語られるのが、特権階級の既得権益を削り、共同体の一般の構成員や貧しい者たちに富を広く分配することを通じて（当時の教団国家の支配者層をなしていたアラブ・ムスリムのあいだでの、ということにはなろうが）、より平等で公正な社会を実現しようとしたということである。当時のアラブ・ムスリムは台帳に登録され、国庫からの給養を受けていたが、その額には、ムハンマドとの関係、改宗時期や共同体への貢献の実績などに応じて大きな差が設けられており、それが特権層の固定化につながっていた。これに対しアリーは、メディナでカリフに即位すると給養が平等におこなわれるように制度を変えたと伝えられる。それだけでなく、国庫にはいったものはそこに貯め込むのではなく、権利をもつ人々への分配にどんどん回したという。

共同体構成員の平等を志向する施策がアリーによっておこなわれたことには、

ウスマーン殺害から彼の即位にいたる過程を考えれば相当な蓋然性があるように思われる。ウスマーンの殺害はまさに、共同体の特権層に対する非特権層からの異議申し立てが引き起こした事件であったからである。また、その後の、ラクダの戦いの三人、そしてムアーウィヤとの戦いの過程でも、アリーが（その非常に特権的な出自にもかかわらず）従来の特権層に疎外されていた指導者として、共同体の非特権層を引きつける施策をおこなったと考えることは理にかなっている。しかし、アリーの「平等主義」ないし「公正」が語られる時、このようなかたちで歴史的な文脈に即して理解しようとする志向はまずみられない。使われる言葉はさまざまだが、アリーは人々の平等を自らの使命とした革命家であったという方向で理想化がなされるのが常である。▲

なお、国庫に財を貯め込まないという彼の方針については、積極的な分配のためという理由づけとともに、彼が金貨や銀貨を現世の虚飾として遠ざけたという説明もなされる。アリー個人が清貧を貫き、その分困窮した人々に施《ほどこ》しをおこなったことはしばしば強調されるが、この説明でいくと、預かり物である国庫の運営においてさえも同様の行動をとったということになるのであろうか。

▼革命家としてのアリーの理想化
一例として、イラン革命にいたる過程で大きな影響力をもったアリー・シャリーアティー（一九三三〜七七）とホメイニーが、多くの点であい入れない思想をもっていたにもかかわらず、ともにアリーを人々の平等と公正を志向した革命家と性格づけたことがあげられる。

優しく聡《さと》い裁き手、アリー

アリーはまた、賢くも思慮深い裁き手であったとされる。多くの逸話が、ムハンマド存命中に、アブー・バクルないしウマルの治世に、あるいはアリー自身のカリフ在位中に彼がおこなった裁きの事例として伝えられている。ムハンマド存命中の逸話の場合、アリーの裁きはムハンマドに是認されるという筋書きになるし、アブー・バクルやウマルの治世を舞台とする話では、カリフがうまく処理できなかった案件をアリーが見事に解決するという展開をとることになる。

関連の逸話を紹介しよう。最初の話の舞台はウマルのカリフ在位期、おりから進行中の征服戦争から戻ったある戦士の妻が、夫が戻って六カ月しかたたないのに出産する。妻は子どもの父は夫だと主張するが、夫の訴えを受けたウマルは妻の姦淫《かんいん》を認め、規定どおり石打刑▲による処刑をおこなうと判決する。しかしそこに居合わせたアリーが、コーランのある箇所に妊娠と嬰児《えいじ》の授乳期間は合わせて三〇カ月と、また別の箇所に授乳は二年（つまり二四カ月）続くとあ

▼石打刑　イスラーム法の専門家のあいだにさまざまな意見の相違はあるが、一般に、既婚の自由人ムスリムが犯した姦淫の罪に対する刑罰は石打刑であると理解されている。

るのをもち出す。つまり、六カ月という短い妊娠期間もありうることを神の言葉が証明しているというわけである。それを聞いたウマルは女性を釈放したという。

次の話はアリーのカリフ在位中の話とされる。ともに自分が主人で連れは自分の奴隷だと主張し合う二人の男が裁きを求めてクーファのアリーのもとにやってくる。二人は旅行中で、周囲に二人を知っている人はいない。状況をみたアリーは翌日またくるようにといって二人を帰す。二人がふたたびアリーのもとにきてみると壁に二つ穴が開けてある。そこに首を突っ込まされた二人の耳にはいったのは、「奴隷の首をはねよ」というアリーの叫び声であった。奴隷のほうは反射的に首を引っ込める。身分秩序を乱しかねないこのできごとはこうして解決され、アリーのきついお叱りを受けた奴隷は首を垂れて主人に従い去って行ったという。

アリーがおこなったとされるこのような裁きを伝える逸話は数知れない。それらは全体として、アリーの機智と、それを進退に窮した弱い者を助ける方向で使ったこととを伝えている。またそこには人の罪や過ちはできるだけおおいかくすというフトゥーワの理念も投影されている。アリー自身が裁き手となったとされる話ではないが、このことを示すよく知られた話も紹介したい。ある男がムハンマドのもとを訪れ、訴え出る。妻が自宅でほかの男と密会しているのをみつけたので逃げられないように外から扉をふさいできた。現場を押さえ、二人を罰してほしいというのである。既婚者の姦淫に対する罰則は石打による処刑である。ムハンマドは男が訴えを述べるたびにそっぽを向き、訴えを受けつけないことで流血を避けようとする。だが男はあきらめない。困ったムハンマドはアリーを選んで男の家に見聞に差し向ける。アリーは扉を開けさせ家にはいり、目を閉じたまま一巡する。そしてムハンマドのもとに戻り、家では誰もみなかったと証言した。

大岡政談▲という言葉が頭に浮かんだ方も多いと思うが、その連想は的を射ている。こうした話は、アリーに仮託して表現された一般的な理想や願望ととらえるのがまずは適当であろう。アリーの裁きとしてよく知られるものに、一人の赤子をともに自分の子と主張して争う二人の女に対し子どもを切って分けることを提案する話が含まれるのは、そのことを示している。同じ話はすでにへ

▼大岡政談　大岡越前守《えちぜんのかみ》忠相《ただすけ》（一六七七～一七五一）がおこなったとされる裁きを語る逸話群の総称。うち一件以外はほかの者による裁きの仮託、あるいは虚構とされている。

ブライ語聖典(『旧約聖書』)に、ソロモン▲の裁定として記録されているからである(大岡裁きの一つとして有名な子争い▲の話は、直接・間接にこのソロモンの裁定の話を下敷きにしたものといわれている)。アリーは、イスラーム的な環境において、そうした理想・希望が投影される格好の対象である。

「知識の門」、アリー

フダイビーヤの和議にあたり書記を務めたとされることにはすでにふれたが、アリーは、武の道だけでなく、文の道にも秀でた人であったとされる。なかでも彼が優れていたとされるのが雄弁術である。この関係でとくに重要なのが、彼の説教や書簡、警句を集めたとされる書、『雄弁の道』である。アリーの死後三世紀以上たって彼の子孫を称すシーア派の文人、シャリーフ・ラディー▲によって編纂された本書については、その内容をどこまでアリーに帰すことができるかについて昔から議論がある。先行する三人のカリフ位を認めざるをえなかったことを不満も露わに語る内容の説教(スンナ派教義の立場からはありえない)などを含むこと、内容に後世の思想を反映していると疑わせるところがあ

▼**ソロモン**(ヘブライ王国国王、在位前九六六～九二二頃)　アラビア語ではスライマーン。イスラーム教では預言者の一人とされる。

▼**子争い**(大岡政談)　一人の子どもをそれぞれ自分の子だと主張する二人の女性に対し、大岡忠相は、両方から子どもの腕を引っ張り合い、勝ったほうの勝訴とすると言い渡す。しかし実際には、痛がる子どもを前に腕を離したほうを真の母親と認める。

▼**シャリーフ・ラディー**(九七〇～一〇一六)　フサインの男系子孫を称す有力家系に生まれ、ブワイフ朝下のバグダードで政治的にも文人としても活躍。十二イマーム派。

『雄弁の道』（十二世紀の写本のファクシミリ版より）

ったり、文体からみてアリーの生きた環境に帰せられうるかが疑問視されるところがあったりすることなどがその理由である（アリーを常人ならざるイマームとするシーア派の見方に立てば説明可能）。本書でも『雄弁の道』の内容を使っていないことは冒頭で述べたとおりである。しかし、本書の存在が、雄弁術の権化としてのアリー像の、宗派をこえた広がりにおおいに寄与してきたこともまた事実である。『雄弁の道』の読者が同書に見出す、見事な押韻によって美しいリズムを刻むアラビア語散文は、もっとも有名な注釈書を書いた十三世紀のある人物（宗教的にやや特殊な立場の人物だがスンナ派）によって、人間業《わざ》以上、神業以下と評されている。そうした見事な文章は、スンナ派においては自らの立場に合うように取捨選択されたその内容とともに、アリーのイメージをかたちづくるものとして受容され、伝えられ、手本とされてきた。

アリーが、さまざまな機会にムハンマドにくだる啓示を書き留めた「啓示の書記」たちの主要な一人とされることは先にふれたとおりである。ムハンマドが神の啓示を受け始めた当初にイスラーム教に入信し、とくに近しい立場で預言者に接し続けたアリーは、（シーア派の立場に立たずとも）教友たちのあいだで

▼**イスラーム法学**　アラビア語ではフィクフ。神によって定められた律法(シャリーア)についての学問。神と人間のあいだの(権利)関係(宗教儀礼のあり方)を規定するイバーダートと人間と人間のあいだの(権利)関係を規定するムアーマラートの両方を扱う。

もとくに、啓示やムハンマドの言行に精通する一人であったとされる。アリーは、もし自分がその気になれば、コーランの冒頭に配されたごく短い「開扉《かいび》の章」についても、ラクダ七〇頭でようやく運べるほどの注釈を書くことができると述べたとされる。また一説では、彼はムハンマド死後の早い時期に、啓示を集成した書物、言い換えればアリー版のコーランを編纂しさえした。そのような知識をもっていたならば当然であるが、彼はムスリムとして従うべき律法についての知識(イスラーム法学▲)についても権威であったとされる。その余地が残されている場合には他人に対する罰則の適用を機智を使って回避するというアリーの赦《ゆる》しの行為は、イスラーム法に対する無比の知識に支えられていたということになる。アリーはまた、アラビア語文法の初期的な定立にもかかわったとされている。

アリーの知に関しては、「私は知識の都市であり、アリーはその門である」というムハンマドに帰される言が存在する。この際の「知識」は、直観的なものも含めありとあらゆる知識や認識を含意しており、常人でも学べば通じることができるような類の知識についても当然妥当する。シーア派がこの言をそう

▼**モハンマド・ホセイン・タバータバーイー**（一九〇三〜八一）　イスラーム哲学者、コーラン注釈家として知られる。代表作はコーラン注釈書『秤《はかり》』二〇巻。

した知識について用いるとき、それは、アリーが宗教諸学のありとあらゆる分野の淵源に位置したことを意味することになる。『シーア派の自画像』（日本語訳の題）の著者である現代のシーア派学者タバータバーイー▲が、アリーは「イスラームにおいてはじめて自由な論証の扉を開き、神的な知識について哲学的な議論をおこない、クルアーンの内面的側面について語り、クルアーンの言葉を守るためにアラビア語文法を定めた人物であった」と述べるとおりである。

アリーを知識の都市の門とするムハンマドのこの言は、その真正性について議論はあるが、スンナ派のあいだにも広がっている。ただし、スンナ派の場合、アリーによるイスラーム諸学への寄与は、あくまで重要な教友の一人としてのそれであったということになる（知識の都市に門が複数あっても不思議ではない）。アリーをイマームと考えるシーア派の立場と、極めて重要とはいえ教友の一人とみなすスンナ派の立場との違いは、こうしたところで表に出るのである。

良き夫、アリー

最後に、これまでの項とは大分趣が違うが、ファーティマとの夫婦生活について語られることにもふれておこう。ファーティマ・アリー夫婦は、あるべき夫婦像が投影される対象となっている。それは、ムハンマド一家のメンバーとしての二人の地位によるのみではない。二人の結婚は神の配剤によるという信仰にもよる。

二人の生活は極めて質素なものであったとされる。結婚にあたってアリーが準備した資金は、彼がムハンマドから戦利品として下げ渡されていた鎧の胴を売ってどうにか工面したものであったという。しかも彼らは困った人をみると放っておけない。ファーティマは、アリーが工面したなけなしのお金で買った嫁入り用の服を、同じく結婚を控えた貧しい女性に与えてしまったという(一説ではそのかわりに天から別の服がもたらされた)。

始まりがこの調子であれば、あとは推《お》して知るべしであろう。ハサンとフサインが病気になったところから始まるよく語られる話がある。夫妻は、二人をなおしてくださったら三日続けて断食すると神に願をかけては、とムハンマドに勧められる。はたして願をかけるとハサンとフサインの病気はなおり、一家は断食を始めるが、初日から三日目まで、日没を迎え、どうにか大麦パン▲にあ

▼**大麦パン**　ここで、ことさら(小麦でなく)大麦のパンとされているのは、夫妻の慎ましやかな生活を強調するため。

りつこうという段になると門前に困窮した人が立つ。そこでパンを差し出さないという選択肢はこの夫妻にはない。ハサンとフサインもそれにならう。ムハンマドが状況に気づいたときには、家族は飢えで弱り切っていたとされる。話は、これに続けて一家を言祝《ことほ》ぐ啓示が神からくだったさまを伝える。

アリーとファーティマは、ファーティマが先に亡くなるまで一貫して一人と一人の夫婦であった。じつはアリーは一度だけ二人目の妻をめとろうとしたが、ファーティマの訴えを受けたムハンマドに禁じられてあきらめたとされる。ムハンマドがファーティマの傷心を慮《おもんぱか》った（ファーティマがアリーの意図を知ったとき、彼女が握っていた卵が怒りでゆであがったという話もある）、同じくムハンマドが、嫉妬に駆られたファーティマが範をはずれるのを恐れた、あるいは預言者の娘というファーティマの地位に鑑みてアリーを止めたなどの理由が取り沙汰されている。二人はハサン、フサインに加えて、ザイナブとウンム・クルスームという二人の娘ももうけた。

理想としてめざすべき夫婦としてのファーティマ・アリー夫妻の像は、性生活という側面にも及ぶ。インドネシアの南スラウェシ島で新婚夫妻などのため

▼**トンカット・アリー** 学名 Eurycoma Longifolia、和名ナガエカサ。マレーシア人参とも呼ばれる。

▼**カチップ・ファーティマ** 学名 Labisia pumila.

に書かれた性生活の指南書を扱った研究によると、そうした書物では、男性に対する具体的な手引きが、ファーティマの示唆で指導を乞うてきたアリーに対しムハンマドが教えた内容として書かれているという。また、夫婦に対しお互いがあたかもファーティマとアリーであるかのように呼び合うことから営みに入ることが指示されているとのことでもある。アリーとファーティマを真似し、二人にあやかろうとする姿勢が色濃くみられるのである。インドネシアやマレーシアでそれぞれ男性と女性の性的な能力を高めるものと信じられ使われてきた植物が、それぞれトンカット・アリー▲(アリーの杖)、カチップ・ファーティマ▲(ファーティマの鋏《はさみ》)と呼ばれているのも、同様の理屈で理解できる。

もちろん、理想とされる夫婦像はそれを理想とする人々の姿を映す。最後に、私がこれまでみたかぎりでは、アリー・ファーティマ夫婦が理想的な夫婦として描かれるさいにベースとなるジェンダー観は伝統的と呼べるものばかりであったことも述べておきたい。アリーは一家の大黒柱として外で働き、ファーティマは家のことといっさいを引き受け、さらに手に豆をつくりながら石臼を回し糸を紡いだとされる。また、死期を悟ったファーティマは、残される子どもた

デリーのシーア派の聖所に祀られた伝ファーティマの石臼

ちのことを心配し、自分の姉妹ザイナブの娘とアリーの婚儀を整えたという。これは、子どもの世話は女性の仕事という考えがあらわれたものということになろう。なお、ファーティマ死後のアリーは、複数の女性とのあいだに子どもをもうけた。その数は、息子、娘ともに一五人におよんだともされる。

今に生きるアリー

アリーは、七世紀に一度生きただけでなく、ある意味で今も生き続けている。ここまでおつきあいくださった読者の皆さんは、きっとこの言葉に同意してくださると信じたい。六六一年にイブン・ムルジャムの凶刃にたおれて以降の彼の「生きざま」は、時とともに変化するイスラーム教とムスリムの姿を映し込んだものとなっており、そのことはわれわれに、イスラーム的歴史観における草創期のムスリム共同体のきわだった重要性をはっきりとみせてくれもした。本書が、アリーを知ることだけでなく、アリーの時代をこえたイスラーム史への知見を深めることをも目標とすることができたのは、彼のそうした「長寿」のおかげである。

ナジャフのアリー廟

今に生きるアリーが、頭のなかで想像される存在であることをこえ、彼を敬愛する者に身体的な知覚を許すかたちをもとることは、すでにふれた、彼の姿を描いたとされる宗教画や彼への賛辞を図案化した書道作品からもうかがうことができよう。だが、じつはもっと直接的に彼にふれることを可能とする縁《よすが》が、われわれが住む今日の世界にも存在する。最後にそのことにふれて本書を終えよう。

そのような縁の一つとしてあげうるのが彼の廟である。興味深いことに、今日アリーのものとして世界的な知名度をもつ墓廟が二箇所ある。一つはアリーが暗殺されたとされるクーファのモスクから九キロほどの場所にあるナジャフの廟であり、もう一つはクーファからは二一〇〇キロほども離れたアフガニスタン北部のマザーリ・シャリーフの廟である。アリーの遺体は、敵による冒瀆を避けるため、ハサンとフサインによってひそかに埋葬されたと伝えられることはすでに述べた。その真偽は措《お》くとしても、アリーの墓の所在は、彼の死後一世紀以上のあいだ、少なくとも世の中一般からは忘れられたままであったと考えられる。したがって、ナジャフの廟も、マザーリ・シャリーフの廟も、そこに眠るアリーは、ともにのちに「発見」されたアリーであるということができる。

　アリーの墓がナジャフにあることが明らかになったのは、狩りに出たアッバース朝第五代カリフ、ハールーン・ラシード▲が、猟犬が決して獲物を襲おうとしない場所があることに気づき、古老にその場所のなんたるかを問うた時のことであったとされる（アリーの子孫たちのうち少くともイマームなどの主要人物はそれ以前もひそかに知っていたとも伝えられるが）。ハールーンがドームを架けさせたことでナジャフの廟の歴史が始まる。数々の破壊と災厄にみまわれながらも、ナジャフは、今日にいたるまで一貫してアリーの墓所として多くの参詣者を集めてきた。

　対するマザーリ・シャリーフの廟の歴史は、知られるかぎり十二世紀まで遡る。周辺の多くの住民が、夢にあらわれたムハンマドに、アリーがそこに眠っていることを教えられたのである。そのさいに建てられた廟はどうやらいったん忘れられ、十五世紀後半に再発見がなされる。それ以後は一貫してアリーの廟として参詣客を集めている。北アフガニスタンという意外な立地も見事に説

▼ハールーン・ラシード（八〇九没、カリフ在位七八六〜八〇九）　実際にはその治世にアッバース朝衰退の兆しがあらわれていたが、説話中などでは広くアッバース朝の絶頂期を体現するとイメージされる。

マザーリ・シャリーフのアリー廟

明される。シーア派にとっての第五代ないし第六代イマーム▲が、遺体に害が及ぶのを恐れ、白いラクダに乗せてひそかに送り出した、ラクダがたどり着いたのがマザーリ・シャリーフである、ということになる。

ナジャフはシーア派に属す人々の管理下に、マザーリ・シャリーフはスンナ派に属す人々の管理下にあるが、ともに宗派の枠をこえた参詣客を集める。参詣客たちは、アリーの功徳を讃え、彼からあふれ出ると信じる神の恩寵（バラカ）を求めて手を差し伸べ、さまざまな願い事への力添えを彼に乞う。そこに居合わせる第三者的な立場の観察者の目からみるならば、参詣者たちはその時、六六一年に没した歴史上のアリーと向き合っているという信念のもと、彼らの心に生きる想像のなかのアリーに語りかけているということができよう。アリーはまた、その瞬間、当の観察者にとっても、眼前に展開する宗教現象の一方の主役としてその生を生きている。なお、アリーの遺体がそこに葬られているとされる廟は、ナジャフとマザーリ・シャリーフの「両雄」のほかにも知られており、彼の足跡とされるものを祀る聖所などとともに、参詣者にアリーとふれ合う機会を与えている。

▼第五代と第六代のイマーム　ムハンマド・バーキル（イマーム在位七一二頃〜七三五?）とジャアファル・サーディク（七六五没、イマーム在位七三五?〜七六五）。よって、この説明に従えば、ラシードの時代にはアリーの遺体はすでにマザーリ・シャリーフにあったことになる。

デリーのシーア派の聖所に祀られた伝アリーの足跡（ガラス天板の下）

アリーを敬愛する人々が今でも彼と身体的に「出会う」ことができる存在としてもう一つふれておきたいのが、彼の子孫とされる数多くの人々のことである。世界のムスリムのあいだには、ムハンマド一族を名乗り、「サイイド」や「シャリーフ」などと呼ばれる数多くの人々が生きている。ハサンとフサインの子孫を称する人々を中心とするそれらの人々は、彼ら自身や彼らを取り巻く人々が敬愛する彼らの先祖たち――当然アリーを含む――の「似姿」という意味合いをもつ。サイイドやシャリーフはアリーだけを思い起こさせる存在とはいえず、サイイドやシャリーフであれば誰もが周囲の人々に彼らの聖なる父祖をイメージさせられるわけでもない。しかし、一定の条件がそろった時、アリーを敬慕する者にアリーその人をみているかのような気持ちをいだかせやすい、彼の子孫とされる人々が数多く存在していることは重要であろう。子孫がアリーとかさね合わされて観念される瞬間、そこに現出しているのは実際に今に生きるアリーなのである。

アリーの長い生涯とその時代

西暦	年齢	おもな事項
伝 570		ムハンマド誕生
600 頃	0	アリー誕生
610	10	ムハンマド，神の預言者であると自覚。アリー，イスラーム教入信
619	19	ハディージャ死去，アブー・ターリブ死去
622	22	ヒジュラ（聖遷）
623 か 624	23 〜 24	ファーティマと結婚
624	24	バドルの戦い
625 頃	25	ハサン誕生
625 か 626	25 〜 26	ウフドの戦い
626 頃	26	フサイン誕生
627	27	ハンダクの戦い
628	28	フダイビーヤの和議。ハイバル遠征
630	30	メッカ無血開城。タブーク遠征
632	32	別離の巡礼。フンムの水場での説教。ムハンマド死去。アブー・バクルのカリフ就任（〜 634）
633	33	ファーティマ死去
634	34	ウマルのカリフ就任（〜 644）
644	44	ウスマーンのカリフ就任（〜 656）
656	56	ウスマーン暗殺。アリーのカリフ就任（〜 661）。第一次内乱開始（〜 661）。ラクダの戦い（対アーイシャ，ズバイル，タルハ）
657	57	スィッフィーンの戦い（対ムアーウィヤ）
658	58	ナフラワーンの戦い（対ハワーリジュ派）
661	61	アリー暗殺。ウマイヤ朝成立（〜 750）
670 頃		ハサン死去
680		ムアーウィヤ死去。ヤズィードのカリフ就任。フサイン決起，カルバラーで敗北・戦死
683		第二次内乱開始（〜 692）
749		アッバース朝成立（〜 1258）
786		ナジャフの廟にはじめて建造物を建てたとされるハールーン・ラシードのカリフ就任（〜 809）
833		コーラン被造物説をめぐる審問（ミフナ）の開始（〜 851）
9 〜 10 世紀頃		スンナ派の確立
970		『雄弁の道』の編者シャリーフ・ラディー誕生（〜 1016）
12 世紀		マザーリ・シャリーフの住民，夢でアリーの遺体の存在を知る
12 世紀頃		フトゥーワ組織広まる
13 世紀頃		スーフィー教団の成立
1207		『精神的マスナヴィー』の著者ルーミー誕生（〜 1273）
18 世紀		ワッハーブ派の成立
19 世紀		サラフィー主義の発生
1979		イラン革命

参考文献

アリー・イブン・アビー・ターリブ（黒田壽郎訳）『雄弁の道――アリー説教集』書肆心水，2017年。

イブン・イスハーク（イブン・ヒシャーム編註，後藤明ほか訳）『預言者ムハンマド伝』4巻，岩波書店，2010-12年。

菊地達也『イスラーム教「異端」と「正統」の思想史』講談社選書メチエ，2009年。

桜井啓子『シーア派――台頭するイスラーム少数派』中公新書，2006年。

佐野東生編，佐野東生ほか訳・解説『カースィアの説教：悪魔にいかに対処するか――カリフ・アリーの『雄弁の道』Nahj al-Balāghahより』龍谷大学国際社会文化研究所，2021年。

佐野東生，野元晋，高橋圭訳『我が子よ，かくあれ――『雄弁の道』より聖アリーの手紙第31番和訳』コム：『雄弁の道』研究所，2015年。

スラミー，アブー・アブドゥッラフマーン（中田考監訳，山本直輝訳）『フトゥーワ――イスラームの騎士道精神』作品社，2017年。

タバータバーイー，モハンマド＝ホセイン（森本一夫訳）『シーア派の自画像――歴史・思想・教義』慶應義塾大学出版会，2007年。

橋爪烈「「正統カリフ」概念の形成――スンナ派政治思想史の一断面として」近藤洋平編『中東の思想と社会を読み解く』東京大学中東地域研究センター　スルタン・カブース・グローバル中東研究寄付講座，2014年。

水上遼『語り合うスンナ派とシーア派――十二イマーム崇敬から中世イスラーム史を再考する』風響社，2019年。

森伸生，柏原良英『正統四カリフ伝　下巻――ウスマーンとアリー編』日本サウディアラビア協会，1996年。

森本一夫『聖なる家族――ムハンマド一族』山川出版社，2010年。

森山央朗「シリアにおけるアリー誹謗とその否認――『ダマスクス史』の伝承の分析から」『オリエント』47，2004年。

森山央朗「スンナ派伝承主義者にとってのアリー崇敬――ニーシャープールのハーキム（1014年没）が「シーア派的」と批判された理由と文脈」『東洋文化』103，2023年。

Abbas, Hassan, *The Prophet's Heir: The Life of Ali ibn Abi Talib*, New Haven and London: Yale University Press, 2021.

Amir-Moezzi, Mohammad Ali; with contributions by Orkhan Mir-Kasimov and Mathieu Terrier; Francisco José Luis and Anthony Gledhill (trans.), *Ali, the Well-Guarded Secret: Figures of the First Master in Shi'i Spirituality*, Leiden: Brill, 2023.

Daneshgar, Majid et al., "A Study on the Notions of 'Ali ibn Abi Talib in Malay Popular Culture," *Journal of Shi'a Islamic Studies* 6, 2013.

Formichi, Chiara and Michael Feener (eds.), *Shi'ism in South East Asia: 'Alid Piety and Sectarian Constructions*, London: Hurst, 2015.

Gleave, Robert, " 'Alī b. Abī Ṭālib," in Gudrun Krämer et al. (eds.), *Encyclopaedia of Islam Three*, vol. 2008-2, Leiden and Boston: Brill, 2008.

Gülten, Sadullah, *Türklerin Hz. Ali'si: Destanlar, Efsaneler, Menkıbeler*, Istanbul: Yeditepe, 2020.

Hoyland, Robert G., *Seeing Islam as Others Saw It: A Survey and Evaluation of Christian, Jewish and Zoroastrian Writings on Early Islam*, Princeton: Darwin Press, 1997.

Husayn, Nebil, *Opposing the Imām: The Legacy of the* Nawāṣib *in Islamic Literature*, Cambridge: Cambridge University Press, 2021.
Iloliev, Abdulmamad, "King of Men: 'Ali ibn Abi Talib in Pamiri Folktales," *Journal of Shi'a Islamic Studies* 8, 2015.
Lakhani, M. Ali (ed.), *The Sacred Foundations of Justice in Islam: The Teachings of 'Ali ibn Abi Talib*, Bloomington, Indiana and Vancouver: World Wisdom and Sacred Web, 2006.
Mutahhari, Murtada; World Organization for Islamic Services (trans.), *Polarization around the Character of Alī ibn Abī Ṭālib*, 3rd ed., Tehran: World Organization for Islamic Services, 2006.
Ocak, Ahmet Yaşar (ed.), *Ali in Islamic Beliefs: From History to Theology*, Ankara: Turkish Historical Society, 2005.
Poonawala, I. K. and E. Kohlberg, " 'Alī b. Abī Ṭāleb" in Ehsan Yarshater (ed.), *Encyclopædia Iranica*, London et al.: Routledge & Kegan Paul, 1982–.
Ridgeon, Lloyd, " 'Alī ibn Abī Ṭālib in Medieval Persian Sufi-*Futuwwat* Treatises," in Mohammad Ali Amir-Moezzi et al. (eds.), *Shi'i Esotericism: Its Roots and Developments*, Turnhout: Brespols, 2016.
Sallabi, Ali M.; Nasiruddin al-Khattab (trans.), *'Ali ibn Abī Tâlib*, 2 vols., Riyadh: International Islamic Publishing House, 2010.
Shah-Kazemi, Reza, *Justice and Remembrance: Introducing the Spirituality of Imam 'Alī*, London: I.B. Tauris, 2006.
Shah-Kazemi, Reza, *Imam 'Alī: From Concise History to Timeless Mystery*, London: The Matheson Trust, 2019.
Stetkevych, Suzanne Pinckney, "Al-Sharīf al-Raḍī and *Nahj al-balāghah*: Rhetoric, Dispossession, and the Lyric Sensibility," *Journal of Arabic Literature* 50, 2019.
Various Authors, " 'Alī b. Abī Ṭālib," in Wilferd Madelung and Farhad Daftary (eds.), *Encyclopaedia Islamica*, Leiden: Brill, 2008–.

図版出典一覧

Aydın, Hilmi et al., *Osmanlı devletinde Ehl-i Beyt sevgisi*, Istanbul: Nefes Yayınları, 2008. *60* 左
Raḍī, al-Sayyid al-, *Kitāb Nahj al-balāgha*, ed. Ḥasan al-Mūsawī al-Burūjirdī, [Najaf and Qom: Dār al-Turāth and Maktabat al- 'Allāma al-Majlisī, 2013]. *77*
Saif, Liana et al. (eds.), *Islamicate Occult Sciences in Theory and Practice*, Leiden and Boston: Brill, 2020. *59* ③, *64*
Tanındı, Zeren, *Siyer-i Nebî: İslâm Tasvir Sanatında Hz. Muhammed'in Hayatı*, Istanbul: Hürriyet Vakfı Yayınları, 1984. *14* 左, 右, *16*, *61*, *62*
Poster featuring 'Alī by M. Suhrābī and K. 'Abbāsī, Tehran: Khaṭṭ-i Sivvum, [1377]. *27* ②
Mīr Bāqirī, Dāvūd, *Siriyāl-i Imām 'Alī*, 18 VCDs (Tehran: Surūsh, n.d.). *66*
"Naqqāshī bā mawżū'-i shahādat-i Ḥażrat-i Zahrā va ayyām-i Fāṭimiyya barā-yi kūdakān," Dilgarm (https://www.delgarm.com/the-handiwork-of-the-martyrdom-of-hazrat-fatima.a203861 accessed 17 January 2024). *51*
Siyar-i Nabī, The New York Public Library Digital Collections (https://digitalcollections.nypl.org/items/510d47da-61b6-a3d9-e040-e00a18064a99/book#page/751/mode/2up 12 accessed 17 January 2024), 751 (12). *12*
アフロ提供：*17*, *27* ⑥⑦, *56*, *60* 右, *65*　齋藤久美子提供：*27* ③④⑤, *58*　東長靖提供：*39*
中西竜也提供：*38* 左, 右　水上遼提供：*27* ①　Homayun, Shamim 提供：カバー裏, *85*
Samuel, Jérôme 提供：*59* ④　著者撮影：カバー表, *24*, *31*, *37*, *59* ①②, *63*, *83*, *84*, *86*
山川出版社作成：扉

森本　一夫(もりもと　かずお)
1970年生まれ
東京大学文学部卒業
博士(文学，東京大学)
専攻，ムスリム諸社会の宗教社会史，シーア派史，イラン史，ペルシア語文化圏研究
現在，東京大学東洋文化研究所教授

主要著書

『ペルシア語が結んだ世界――もうひとつのユーラシア史』
(編著，北海道大学出版会，2009)
『聖なる家族――ムハンマド一族』(山川出版社，2010)
Knowledge and Power in Muslim Societies: Approaches in Intellectual History
(共編著 , Gerlach Press, 2023)

謝辞

本書の作成にあたっては，新井和広，岩﨑えり奈，亀谷学，河原弥生，菊地達也，齋藤久美子，佐藤健太郎，Jérôme Samuel，清水和裕，東長靖，中西竜也，西山尚希，二宮文子，平野貴大，Shamim Homayun，桝屋友子の各氏に格別のご助力をいただきました。また，本書執筆の基礎となった研究は，JSPS 科研費 JP19H01317，JP19H00564，JP23H00674 の助成により可能となりました。記して感謝いたします。

世界史リブレット人⑲

アリー

伝説《でんせつ》になった神《かみ》の獅子《しし》

2024年４月10日　１版１刷印刷
2024年４月20日　１版１刷発行

著者：森本一夫《もりもとかずお》

発行者：野澤武史

装幀者：菊地信義＋水戸部　功

発行所：株式会社 山川出版社

〒101-0047　東京都千代田区内神田１-13-13
電話　03-3293-8131(営業)　8134(編集)
https://www.yamakawa.co.jp/

印刷所：株式会社 明祥

製本所：株式会社 ブロケード

ISBN978-4-634-35019-9
造本には十分注意しておりますが，万一，
落丁本・乱丁本などがございましたら，小社営業部宛にお送りください。
送料小社負担にてお取り替えいたします。
定価はカバーに表示してあります。

世界史リブレット 人

1 ハンムラビ王 — 中田一郎
2 ラメセス2世 — 高宮いづみ・河合 望
3 ネブカドネザル2世 — 山田重郎
4 ペリクレス — 前沢伸行
5 アレクサンドロス大王 — 澤田典子
6 古代ギリシアの思想家たち — 高畠純夫
7 カエサル — 毛利 晶
8 ユリアヌス — 南川高志
9 ユスティニアヌス大帝 — 大月康弘
10 孔子 — 高木智見
11 商鞅 — 太田幸男
12 武帝 — 冨田健之
13 光武帝 — 小嶋茂稔
14 冒頓単于 — 沢田 勲
15 曹操 — 石井 仁
16 孝文帝 — 佐川英治
17 柳宗元 — 戸崎哲彦
18 安禄山 — 森部 豊
19 アリー — 森本一夫
20 マンスール — 高野太輔
21 アブド・アッラフマーン1世 — 佐藤健太郎
22 ニザーム・アルムルク — 井谷鋼造
23 ラシード・アッディーン — 渡部良子
24 サラディン — 松田俊道
25 ガザーリー — 青柳かおる
26 イブン・ハルドゥーン — 吉村武典
27 レオ・アフリカヌス — 堀井 優
28 イブン・ジュバイルとイブン・バットゥータ — 家島彦一
29 カール大帝 — 佐藤彰一
30 ノルマンディー公ウィリアム — 有光秀行
31 ウルバヌス2世と十字軍 — 池谷文夫
32 ジャンヌ・ダルクと百年戦争 — 加藤 玄
33 王安石 — 小林義廣
34 クビライ・カン — 堤 一昭
35 マルコ・ポーロ — 海老澤哲雄
36 ティムール — 久保一之
37 李成桂 — 桑野栄治
38 永楽帝 — 荷見守義
39 アルタン — 井上 治
40 ホンタイジ — 楠木賢道
41 李自成 — 佐藤文俊
42 鄭成功 — 奈良修一
43 康熙帝 — 岸本美緒
44 スレイマン1世 — 林佳世子
45 アッバース1世 — 前田弘毅
46 バーブル — 間野英二
47 大航海時代の群像 — 合田昌史
48 コルテスとピサロ — 安村直己
49 マキァヴェッリ — 北田葉子
50 ルター — 森田安一
51 エリザベス女王 — 青木道彦
52 フェリペ2世 — 立石博高
53 クロムウェル — 小泉 徹
54 ルイ14世とリシュリュー — 林田伸一
55 フリードリヒ大王 — 屋敷二郎
56 マリア・テレジアとヨーゼフ2世 — 稲野 強
57 ピョートル大帝 — 土肥恒之
58 コシューシコ — 小山 哲
59 ワットとスティーヴンソン — 大野 誠
60 ワシントン — 中野勝郎
61 ロベスピエール — 松浦義弘
62 ナポレオン — 上垣 豊
63 ヴィクトリア女王、ディズレーリ、グラッドストン — 勝田俊輔
64 ガリバルディ — 北村暁夫
65 ビスマルク — 大内宏一
66 リンカン — 岡山 裕
67 ムハンマド・アリー — 加藤 博
68 ラッフルズ — 坪井祐司
69 チュラロンコン — 小泉順子
70 魏源と林則徐 — 大谷敏夫
71 曽国藩 — 清水 稔
72 金玉均 — 原田 環
73 レーニン — 和田春樹
74 ウィルソン — 長沼秀世
75 ビリャとサパタ — 国本伊代
76 西太后 — 深澤秀男
77 梁啓超 — 高柳信夫
78 袁世凱 — 田中比呂志
79 宋慶齢 — 石川照子
80 近代中央アジアの群像 — 小松久男
81 ファン・ボイ・チャウ — 今井昭夫
82 ホセ・リサール — 内山史子
83 アフガーニー — 小杉 泰
84 ムハンマド・アブドゥフ — 松本 弘
85 イブン・アブドゥル・ワッハーブとイブン・サウード — 保坂修司
86 ケマル・アタテュルク — 設樂國廣
87 ローザ・ルクセンブルク — 姫岡とし子
88 ムッソリーニ — 高橋 進
89 スターリン — 中嶋 毅
90 陳独秀 — 長堀祐造
91 ガンディー — 井坂理穂
92 スカルノ — 鈴木恒之
93 フランクリン・ローズヴェルト — 久保文明
94 汪兆銘 — 劉 傑
95 ヒトラー — 木村靖二
96 ド・ゴール — 渡辺和行
97 チャーチル — 木畑洋一
98 ナセル — 池田美佐子
99 ンクルマ — 砂野幸稔
100 ホメイニー — 富田健次

〈シロヌキ数字は既刊〉